U0596730

国家自然科学基金
重大研究计划项目

国家社会科学
基金重大项目

资助

本书由人文在线出版基金资助出版

· 当代语言学丛书 ·

中国手语语言学概论

（第一版）

著◎邱云峰 姚登峰 李 荣 刘春达
主审◎江铭虎 陈华铭

中国国际广播出版社

图书在版编目（CIP）数据

中国手语语言学概论 / 邱云峰等著 . —北京：中国国际广播出版社，2017. 10

ISBN 978-7-5078-4106-0

Ⅰ . ①中… Ⅱ . ①邱… Ⅲ . ①手势语—中国—教材

Ⅳ . ① H126.3

中国版本图书馆 CIP 数据核字（2017）第 240388 号

中国手语语言学概论

著　　者	邱云峰 等
责任编辑	张娟平
装帧设计	人文在线
责任校对	有　森

出版发行	中国国际广播出版社 ［010-83139469　010-83139489（传真）］
社　　址	北京市西城区天宁寺前街 2 号北院 A 座一层
	邮编：100055
网　　址	www.chirp.com.cn
经　　销	新华书店
印　　刷	廊坊市海涛印刷有限公司

开　　本	710×1000　1/16
字　　数	235 千字
印　　张	14
版　　次	2018 年 3 月　北京第 1 版
印　　次	2018 年 3 月　第 1 次印刷
定　　价	50.00 元

CRI

中国国际广播出版社

欢迎关注本社新浪官方微博

官方网站 www.chirp.cn

版权所有

盗版必究

鸣　谢

感谢以下基金资助：

国家社会科学基金重大项目"汉语非字面语言大脑加工的神经机制研究"（项目批准号：14ZDB154）

国家自然科学基金重点项目"汉语认知加工机制与计算模型研究"（项目批准号：61433015）

国家语言文字工作委员会重点项目"手语语言处理的智能化理论和技术研究"（项目批准号：ZDI135-31）

教育部人文社会科学研究青年基金"中国手语空间隐喻加工神经机制的 ERP 研究"（项目批准号：14YJC740104）

清华大学自主科研项目两岸清华大学专项"汉语和汉语手语的不同脑认知机制的研究"（项目批准号：20161080056）

国家自然科学基金重大研究计划项目"视听觉信息的认知计算"（项目批准号：91420202）

感谢聋人演员杨鸽女士不辞辛苦参与此书配套手语照片和视频拍摄，也感谢新聋网鼎力提供手语语料和版权。感谢清华大学学生手语社、北京大学爱心社手语分社、武汉大学手语社等高校手语社长期以来对手语研究和推广的支持，以及对聋人文化的关爱和帮助。

序

　　手语就是一个天然的实验室。在这个实验室里，我们可以把人类语言中某些基本特征同传送语言的载体分离开来，对它们单独进行研究。

　　　　　　　　　　　　　　　　　　　　——Mark Aronoff 等人（2001）

　　手语是一门独立的语言，在国际学术界基本达成共识。随着社会的文明进步，人们对弱势群体的关爱和投入会越来越多，对聋人使用的自然语言，即手语语言学的研究会更加关注和重视，其研究也将会更加深入。现在欧美很多发达国家在大学都开设了手语语言学课程，并有了较为成熟的手语语言学教材，美国手语语言学教材已经出到第五版，而我国这方面工作相对滞后。

　　中国是一个人口大国，聋人人数居世界之首。据统计 2010 年末我国聋人 2054 万人，比人口最多的少数民族——壮族还多 440 万人，占全国总人口的 16.79‰。可以说，中国手语是世界上使用人数最多的手语。从语言学的角度来说，中国拥有世界上最丰富的手语资源，手语的方言和语言的多样性为世界所罕见。在互联网快速发展的今天，面对如此庞大丰富的手语资源，我们却面临着尴尬的局面：手语语言学的研究仅仅开始，对手语资源的利用率极其低下，尚没有有效手段去开采，导致社会上很多人对中国手语缺乏认识和了解，有的甚至把手语视作类似于动物的"手舞足蹈"，不认为它是一种语言，以致"手语民族"难以与那么多民族的兄弟姊妹们沟通，我们不能不说这是文明社会的悲哀！健听人与聋人之间、聋人与聋人之间的交流都存在一定的障碍，更不能满足聋人便捷快速获取信息的需求。

　　《国家手语和盲文规范化行动计划（2015—2020 年）》提出："加快推进手语盲文规范化信息化建设。积极开展手语盲文科学研究，加强学科建设和人才培养。"

将这门特殊的视觉语言进行研究是摆在我国科技工作者面前的一个重要任务，尤其是在国家大力推行少数民族语言保护政策和推行信息无障碍工作的社会背景下，这项工作对于服务国内弱势群体，构建和谐社会显得更有意义，对我国的特殊教育乃至整个无障碍事业的发展都有极好的促进作用。

目前国内许多高校都陆续开设了手语语言学课程，但缺乏配套的教材。可喜的是邱云峰、姚登峰、李荣、刘春达等四位老师在这一领域做了大量的研究和探索，所编写的《中国手语语言学概论》，填补了中国手语语言学教材的空白。这本讲义已经在清华大学手语社、北京大学手语社等高校手语课堂，银行、交通等行业手语培训班讲授多年，深受广大读者的欢迎。对此，中国聋人协会手语研究与推广委员会今年已将此书列入大力推广的两本书籍之一，另一本是《手语你我他》，相信此书的正式出版，一定会惠及更多的人群。

最后我还要告诉读者，该书作者除邱云峰教授和李荣老师为健听人，其余两位均是身残志坚的聋人，他们是清华大学语言学与应用语言学专业姚登峰博士、北京手语研究会刘春达老师。他们辛勤耕耘在中国教育第一线，了解聋人的疾苦和不便，渴望为弱势群体做些事情，希望在有声和无声世界架起一座交流的桥梁。他们有着扎实的专业知识和丰富的教学经验，在语言学领域，尤其是中国手语语言学领域勇于创新、默默探索、辛勤耕耘、兢兢业业、一丝不苟。我为他们感到骄傲，衷心祝贺本书的出版，衷心祝贺课题组取得更大的成就！

中国聋人协会手语研究与推广委员会主席邱丽君

2016 年 8 月 27 日

前 言

    《中国手语语言学概论》是中国国内第一本手语语言学专业教材，基本囊括了国内外手语语言学研究的最新成果，涵盖了不断演化的关于手语结构的基本理论和用法。或许教材还有待继续完善，但它解决了目前高校开设手语语言学课程后却无专业教材的燃眉之需，更希望通过这方面的工作缩短与发达国家的距离。因为世界上很多国家都有了自己的手语语言学教材，其中美国、英国和澳大利亚等发达国家的手语语言学教材更为成熟。

    编撰本教材有两个目的：一是用于手语语言学的教学，培养手语语言学人才。在探索中国手语语言学的过程中，我们从音系学、形态学、语法学、语义学的概念出发探讨了中国手语语言的用法。本教材不仅反映了手语语言学领域的研究现状，也选录了很多研究人员的独立研究成果。与任何事物都是不断演化一样，手语语言学的发展变化也很快，本教材只能在理论上反映一些重要的变化。手语语言学探究是一种动态而灵活的行为，而不是一成不变的，所以中国手语语言学理论需要与时俱进。

    第二个目的是希望对学习和研究中国手语语言起到抛砖引玉的作用。引导读者对中国手语的研究成果进行批评性思考，进一步推陈出新。鼓励读者不仅要学会使用中国手语，同时要思考中国手语的语言结构及其语言学规律。

    《中国手语语言学概论》一书由六章构成。第一章为基础概念，介绍了与手语相关的语言学基本概念，陈述了中国手语是一种独立存在的自然语言的事实。第二章用音系学的理论，分析了手语手势的基本结构，我们把检验中国手语音系学的基础性工作放在了第三章。第四章是语法学，第五章讲述中国手语语义学，第六章是语言的使用，讲述了其变体和历史变化，论述了双语理论和语言联系，中国手语的艺术性使用，换句话说就是如何使用手语语言。

本书主要为具备基本的语言学专业知识的高中以上文化程度读者设计。适合高等院校手语语言学相关专业的学生及老师，也适合手语培训、手语水平测试人员及希望未来从事手语翻译的人员和一些有兴趣的读者阅读。由于我们关注的是中国手语的语言学结构，所以本书没有包括聋人文化或聋人群体的相关信息。老师们可以在课堂上选择性使用教材内容。此外由于中国手语没有统一，本书不能保证所用的手语例子全国通用，只能保证北京、湖北等大多数地方常用。

在编写教材的过程中，我们得到了手语语言学领域的专家、领导和朋友们的大力支持，尤其是清华大学中文系博士生导师江铭虎教授、中国聋人协会手语研究与推广委员会副主任陈华铭先生等给予了很多专业性建议和指导，并抽出宝贵时间审阅此书。北京联合大学特殊教育学院李晗静教授、吕会华教授、中州大学周晓宁等老师为本书的顺利出版给予了极大的关心和支持。湖北荆门市特殊教育学校周焰老师、武汉手语爱好者李俊鹏老师、新聋网王江滨老师、北京市启喑学校赵锦艳老师、北京大学医学部冯元路老师等多年来全力支持和帮助作者采集手语语料。还要感谢我的团队成员为此书付印所付出的不懈努力，尤其感谢清华大学语言学与应用语言学专业博士姚登峰教授的加盟，他的广博而深厚的专业知识和敢为人先的科学精神，使团队如虎添翼。他还为该书的问世做了大量的繁杂琐事以及组织协调工作。此外，本教材的图片和视频均来源于清华大学中文系手语语料库和新聋网，在此一并表示感谢！最后还要感谢中国国际广播出版社，是他们的辛勤工作才让此教材得以印刷出版。

本书由邱云峰、姚登峰、李荣、刘春达四位老师主编，其中第一、二章由姚登峰和李荣编写，第三、四、五章由邱云峰、姚登峰编写，第六章由李荣、刘春达编写，清华大学中文系阿布都克力木·阿布力孜、黄云龙等博士生参与了部分章节的编写，最后由邱云峰老师全面统筹。由于作者水平和时间有限，难免有不足，热切期望得到专家和读者的指正。

为便于中国手语语言学学术交流和探讨，我们已建立了手语语言学概论 QQ 群 585270312，欢迎有兴趣的读者加入并提出宝贵意见和建议。如果需要课件或 CAI 教学软件，可到以下网址 http：//www. yaodengfeng. com/linguisiticsofcsl/?? 下载，也可在 QQ 群联系索取。此书再版将由姚登峰老师全权负责，他的电子邮箱：tjtdengfeng@buu. edu. cn，联系地址：清华大学文北楼 306 室清华大学人文学院计算语言学实验室（邮编 100084）姚登峰老师收。

此书得到以下项目资助，在此谨表谢忱！

国家自然科学基金重大研究计划项目"视听觉信息的认知计算"（项目批准号：91420202）、重点项目"汉语认知加工机制与计算模型研究"（项目批准号：61433015）

国家社会科学基金重大项目"汉语非字面语言大脑加工的神经机制研究"（项目批准号：14ZDB154）、教育部人文社会科学研究青年基金"中国手语空间隐喻加工神经机制的 ERP 研究"（项目批准号：14YJC740104）

邱云峰于丁香园

2016 年 7 月 10 日

目　录

第一章 绪 论

圣经《创世纪》(1：11) 关于通天塔（Tower of Babel）的神话谈到上帝创造亚当和夏娃，他们繁衍的后代只说一种叫作亚当语的语言，所以能够和睦相处，后来他们合谋共建一个通天塔，直达天庭。因此触怒了上帝，遂把他们的语言搞乱，以引起他们内部纷争。通天塔建不成了，而人类因为有了不同的人种和语言而散落到世界各地。这个富有寓意的神话至今仍常为语言学家们所引用，他们要说明的问题不一，大致可归纳为几个方面：（1）语言和人类一样古老；（2）语言的差异源于人种的差异；（3）语言具有强大的交际功能，可建立和谐，亦可制造纷争；（4）语言是不断演化的，它的差异性来自其任意性。

语言学（Linguistics），顾名思义是研究人类语言的科学。研究目的在于发现，描述和管理交流体系的规则。语言学大致可分为语音，即声音系统与抽象声音单元的研究；语法，即语言结构的研究；词汇，即单词的形成与组成等几个子系统。语言学常被狭隘地定义为研究语言的科学方法。笔者认为，语言学既有自身结构的独立性和自主性，同时需要从不同的角度、不同的方面进行研究，这是由语言构造的复杂性所决定。语言的构造、演化、发展受人类种族、地域、环境以及社会变革等诸多方面影响。语言学需要多学科的视角，或借鉴相关学科的研究成果，以促进对语言本体结构性质的认识。例如，符号学就是一个相关的领域，它涉及对一般标记与符号在语言中和语言外的两类研究。文艺理论家们研究的是语言在文学艺术中的运用。随着现代科学技术的迅速发展，语言学还可从其他学科研究中得到借鉴和启示，亦或找到研究的新途径，像心理学、认知神经科学、言语 - 语言病理学、信息科学、计算机科学、生物学、人体解剖学、社会学、人类学以及声学等学科。

语言是一种在一定规则管理下的交流体系。当语言体系的规则为人们熟知并遵守时，这种体系就称之为基于管理规则的体系。如果没有这些规则，人们就不可能有交流体系，那么交流也就无法实现。相对于语言交流体系以外的，我们称之为其他交流体系。其他交流体系包括莫尔斯代码、旗语[①]、交通信号以及公共场合使用的标志，此外还有蜜蜂、鸟类、海豚和灵长类动物等使用的交流系统。无论莫尔斯代码还是信号语都采用符号来表达字母、数字、莫尔斯代码和标点符号。从本质上讲，它们都是"代码替换代码"，是书写系统的代码。语言和其他交流体系有着共同的特点，但也存在很多差异。

1.1 语言和其他交流体系的共同特点

1.1.1 都是由符号构成

语言与其他交流体系一样都由符号构成。语言的使用者通过不同符号来生成或表达不同的意思，进而促进人类的语言沟通与交流。比如汉语具有书写系统，这个系统使用汉字或字母符号来表征声音或声音组合，像汉字"蛇"的拼音 she 里的书写字母 e 就是一种语音符号，并且这种书写字母的组合就是现实世界实体的符号，即表征四肢退化的爬行动物的符号。尽管符号系统与书写系统是两回事，但是汉语口语单词本身就是独立于书写系统的符号系统里的一部分符号，同样的道理，中国手语的手势"蛇"也是一种语言学符号（见图 1–1）。其中手势图片下面表示与中国手语一致的汉语单词，称之为注释。

1.1.2 语言符号的系统性

语言符号看似一堆零零散散的材料，实际上它们相互间存在着规律性的联系，由此组成一个严密的语言系统。因此语言符号必须系统化地组织和使用。我们可以从两方面来认识这种系统：一是组成规则，二是运行规则。因为语言是规则基

[①] 世界各国军队使用的通讯用语。不同的旗帜、不同的旗组表达着不同的意思。海军和陆军旗语目前都在使用，不同的是陆军旗语相对简单，而海军旗语与莫尔斯电码一样，由 26 个英文字母组成。

蛇
汉语

she
汉语拼音

Snake
英语

· · · · - · · - - - ·
莫尔斯电码

蛇
中国手语

图 1-1　名词"蛇"的多种表征，包括汉语、汉语拼音、英语、莫尔斯电码、中国手语

础上的系统，语言学家的工作就是发现这种规则，并研究系统的运行规律。

　　语言系统的组成规则主要表现为结构的层次性，就是说语言具有从低到高、或者从下到上的层次性，亦可分出若干个层次，使读音、语义以及由音义相结合而组成的符号"各就各位，各司其职"。但每一种层次又不是孤立的，相互之间处于一种互相依存、彼此制约的关系之中。我们可以从下到上去观察语言系统的结构层次。中国手语是一种独立的语言，也同样具有其他语言的这些基本规则。

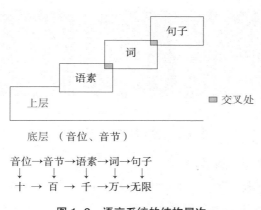

句子

词

语素

上层　　　　　　　　　■ 交叉处

底层 （音位、音节）

音位→音节→语素→词→句子
↓　　↓　　↓　　↓　　↓
十 → 百 → 千 →万→无限

图 1-2　语言系统的结构层次

　　要理解中国手语的规则本质，可通过验证中国手语形式的使用条件来理解。这些条件的概念最初由 Robbin Battison 于 1978 年对美国手语（ASL）结构进行了大量研究后提出的[①]。Battison 指出，手语是基于两种条件下形成的，即"对称性条件（Symmetry Condition）"和"支配性条件（Dominance Condition）"。对称性条件表示两只手构成的手势中，如果两只手都在运动，则这两只手将会形成相同的手形和运动类型。这可以用中国手语"爬"和"打鼓"来解释。支配性条件则表示两只手构成的手势中，如果每只手手形不一样，那么只有活动的那只手能运动，而不活动的那只手只是作为手势的背景，本身并不运动。对于右利手手势者来讲，右手就是活动的或者叫主手（dominant hand），左手自然是不活动的或者叫辅手（base hand）。左利手手势者反之亦然。支配性条件则可以通过中国手语"画画"和"旗"、清楚、电影、爱来描述。

在中国手语的支配性条件里，当两只手手形不同的时候，辅手大都形成下列十八种基本手形之一：A（爱）、B（B 超）、C（咖啡）、D（日本）、E 或数字 3（王）、F（干）或 H（金）、G 或 I 或数字 1（旗）、L（角）或 R 或数字 8（辽宁）、O（电影）或数字 0（足球）、Q 或数字 7（七周）、T（长颈鹿）、U（补）、V 或数字 2（井）、W（毛）、Y 或数字 6（直升机）、Z（心电图），4（业）、5（站）（见图 1-3）。以下这七种手形 J 或数字 9、K、M、N、P、S、X 或数字 10 目前在中国手语里没有发现充当辅手的情况。从这条信息我们可以清楚地看到手语构成不是随机的，而是分成不同的级别。比如：像"爬"和"打鼓"这类手势，在体系上就与"画画"和"旗"之类手势不同。

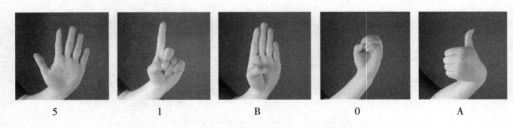

| 5 | 1 | B | 0 | A |

图 1-3　辅手的部分基本手形

通过观察可得出以下结果：

1. 关于手语的这两个条件，在中国手语里可以找到很多对应的例子。

2. 在支配性条件里，如果双手都要通过运动来完成像"画画"和"旗"之类

---

①　Battison, Robbin. *Lexical Borrowing in American Sign Language*. Silver Spring: Linstok Press, 1978.

的手势，手语看起来就显得杂乱无序，无形中破坏了手语的规则和美感。

3. 在对称性条件里，"爬"和"打鼓"手势的运动是交替进行的，也就是说双手的运动方式相反而且非常精准，比如当右手在上面时，则左手在下面；而右手上升时，则左手下降。如果运动不是交替进行的，手势看起来就单调无趣，也滑稽可笑，同样破坏了手语规则和美感。

并非所有手势都要求双手运动交替进行。有些手势需要同时移动双手，比如"帮助"和"互相"就需要双手同时进行运动，但是这种情况较为少见。"爬"和"打鼓"手势非常清楚地表明了手语基本结构或基本规则。如果您是一位手语语言学的初学者，希望从一开始就注意观察并描述手势结构，这是非常重要的基本功！比如观察中国手语的手势"爬"中有几只手参与？手形相同还是不同？手部运动是交替的还是同时进行？尽管中国手语有几千年的历史，但遗憾的是有经验的中国手语使用者和母语为中国手语的手势者并未留意，或者说没留意表达控制手语结构的手语规则，希望读者以后能注意观察，反馈意见，以完善和促进中国手语语言学学科的建设。

1.1.3 符号形式具有任意性或像似性

自从语言学之父 Saussure 提出任意性（arbitrariness）的观点以来，任意性不仅仅被看成是语言的一个基本特征，还成为研究语言学采用的重要方法——基本假设。所谓任意性，就是指语言符号的能指（signifier）和所指（signified）之间的联系是任意的。换句话说，语言符号的形式、声音和语义之间没有任何内在的或逻辑上的必然联系。任意性意味着符号的实际形式，并没有反映事物的特征，也没有反映出它所代表的行为。例如不同语言对不同事物有不同的叫法。汉语把人体上肢手腕前面的部分叫作"手"，而英语则称作"hand"，法语称"main"，俄语称"pyka"。不懂英语的人，看到"hand"时，可能不知道它指什么。只有通过学习，才能认识能指和所指之间的对应关系，而这种关系是不可论证的，无理可据的（unmotivated）。像似性则表示符号的形式就是事物某方面特征的图标或图片，或要表达的行为。比如中国手语中的"女人"，这个手势是通过在耳垂上模仿耳环形状来完成的。而"男人"，则描述成抚摸头发动作。Saussure 之后的 Leonard Bloomfield 的结构主义和 Noam Chomsky 的心灵主义都忽视和否定了语言的像似性（iconicity），即语言符号能指和所指之间存在可论证的逻辑关系，并明确指出语言不仅仅在词汇层面上是任意的，在句法层面上，即单个语言符号通过排列组合而构成的语言结构与意义之间的关系也是任意的。随着认知科学的发展，人们开始认识到，尽管语言符号在基本范畴等级上存在一定的任意性，但在构成上位范畴或下属范畴时，尤其是构成更大的语言单位时（句法层面），都表现出明显的像似性，是有理有据的。也就是说，语言除任意性外，还具有另外一个基本的特点，即像似性。

所有语言当中，无论是口语还是手语，都存在大量任意性和像似性实例。Liddell 指出，这不是一个非此即彼的问题，所有语言都有像似性和任意性符号。这个认识对研究手语结构尤其重要，因为直到今天，尽管研究人员认识到了中国手语的像似性，但还有不少人似乎并没有弄懂中国手语结构的整体描述是如何体现像似性和任意性的。而且语言学界有一种错误的说法，即承认手语里存在像似性就意味手语不是"真正的语言"，也就不像主流人群的有声语言那样是理所当然的语言。有声语言的假设是任意性，中国手语里的手势同其他有声语言一样也具有任意性本质，这也足以证明中国手语是一门真正的独立语言，而不仅仅是"空间图片"的集合。

在众多交流体系中，人们使用的符号形式很多都是任意性的。比如说"红色的交通信号灯是红色的"，这个表征符号并没有实际意义，重要的是"红色交通灯"这个形式与其传递"停止"意义的固定关系。蜜蜂舞蹈的实际形式与其蜂巢距离并没有关联。同样，莫尔斯代码信号中点和线的实际数量，或者旗语的实际设计也是任意性的。这些案例的重要性体现在形式与意义的关系上。同样，说话人说出的话或手势者打出的实际手语形式也是任意性的。我们讨论过汉语单词"老虎"的手势，它包含了两个汉字，分别是老和虎。这些汉字的组合及其形式是任意性的，也就是说语言学符号的形式并不反应其代表的物理实体。汉语单词"老虎"并不能让人与现实中的老虎联系起来。

口语中，并非所有单词完全是任意性的。语言学家已经描述过口语方法，比如拟声法和象形法，顾名思义这两种"法"就具有像似性。当一个单词的语言学形式表征物体的声音，或其所指的行为时，口语中的拟声法才能有效。比如公鸡发出的声音在汉语中为喔喔，在英语中为 cock-a-doodle-do，在意大利语中为 chi chiri chi（chi 发音成 k），而在日语中是 kokekokko。还有一个例子是火车的声音在汉语里表示成呜呜，在英语里则表示成 choochoo。

在语义学中，象形词本身就具有一定含义。例如以 ump 为结尾的英语单词，像 rump，dump，hump，mump，lump 和 bump，都表示迟钝或笨重的意思。此外像 twirl，whirl，furl 和 gnarl 之类的单词看起来与扭曲或盘绕有关。但是对这些单词进行语言学分析就会发现这样一个问题：–ump，–irl 或 –url 不能孤立使用，只能描述为意义单位，而传统习惯上意义单位（或词素）是可以孤立使用和描述的。不过，单词的语言学形式一部分可以代表事物的某些特征或行为，这就是像似性的意义。语言学形式就是一个实体或行为的某些特征的图标或图片。

如前所述，所有的语言都具有任意性和像似性特征，毫无疑问所有口语和手语一样也具有像似性，很多手语手势都反应了实体或行为的某些物理特征，但很多手语手势又体现任意性特征，诸如 1-4 图所示"社会"之类手势。

图 1-4　任意性手势"社会"的例子

Sarah Taub 认为当与初始概念有关的精神意象被选中时，手语的像似性形式就会被创建。典型的例子就是"树"的手语形式。这种意象随后就进行了系统化处理，以便在语言中可以用来代表特定意义。在这个处理过程中，事物基本特征被保留下来，而不必要的信息则被过滤掉。以树这个手势为例，人们并不介意一棵树究竟有多少树枝，或这棵树究竟有多粗。这种意象随后就采用中国手语手势"树"的合适特征进行编码，比如采用前臂和数字 8 手形。处理结果就是作为手势词汇一部分的像似性符号。

意象在不同手语里系统化处理方式是不同的，这可以从中国手语、美国手语、英国手语和国际手语中"妈妈"的不同手势中看出来（见图 1-5）。因此仅仅因为有些手势的形式反映实体或行为的某些特征，并不代表中国手语没有任意性形式，也不意味着中国手语就是没有语法结构的"空间图片"的集合。例如手势"坐"

 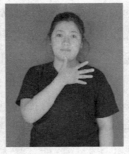  

中国手语 　　　　美国手语 　　　　英国手语 　　　　国际手语

图 1-5　分别用中国手语、美国手语、英国手语和国际手语打出的"妈妈"手势

的形式就是坐着的人腿的像似性表征这个有可能是真的，但是其他手语采用不同方式来表示这个概念。手语中像似性表征的真正方式是其语言特征。也就是说只要其物理特征可以用符号来表示，那么究竟采用哪几个物理特征并不重要，而且不同手语选择的物理特征也有所不同。

虽然手势"喝"可能是像似性的，但过度关注其像似性并不会有助于看到"喝"和名词"杯子"之间的有趣关系，而且其他名词－动词组合也如此。这无助于解释动词"喝"的手势运动如何被修饰来指代。问题是手势可以是像似性的，而像似性并不意味着事物或行为的如实表征。"长时间喝着"这一概念的（缓慢旋转的动作），也无法解释"快速喝水"的概念（短促而剧烈的动作）。手势"喝"是杯子的像似性表征，但手势"猫喝水"是吐吐舌头低头的动作，而非拿杯子的像似手形表征。而"鸟喝水"则是不断张曲的 R 手形放在嘴前的动作，虽然猫和鸟拥有不同的嘴部，它们不是"空间图片"，最后形成的动作也不一样，但它们都具有高度的像似性。手势的像似性很有趣，也很重要，是中国手语结构中的特征（见图 1-6）。

喝水 　　　　　　　　猫喝水 　　　　　　　　鸟喝水

图 1-6　手势的像似性例子

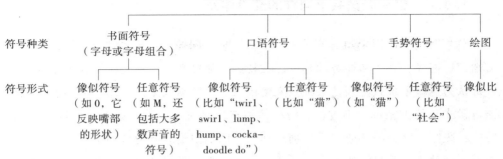

任意性：符号形式并不反映其代表的概念、具体事物或行为的特点。

像似性：符号形式反映了其代表的概念、具体事物或行为的某些特点。

注：符号形式既可能是任意的，也可能是像似性的。其形式是不能预测的。能够预测的是一个符号内（任意性或像似性）连续不断的联系，然后产生某种具体意义。

用符号代替其他符号是可以实现的。比如猫是中国手语手势（脸颊上 9 手形）符号的书面符号。

图 1-7　任意性符号与像似性符号

· 阅读材料 ·

　　费尔迪南·德·索绪尔（Ferdinand de Saussure, 1857—1913），瑞士语言学家，祖籍法国。现代语言学理论的奠基者。索绪尔很早就掌握了欧洲多种语言以及古拉丁语和希腊语，他认为语言是基于符号及意义的一门科学。现在一般通称为符号学。从 1907 年始讲授"普通语言学"课程，先后讲过三次，首创这一学科，但没有写成讲义。1913 年去世，享年 56 岁。之后，他的学生 Charles Bally 及 Albert Sechehaye 根据笔记整理成《普通语言学教程》一书。这是一部具有划时代意义的著作，提出了全新的语言理论、原则和概念，为语言的研究和语言学的发展奠定了科学的基础。1916 年在日内瓦出第一版，后来被翻译成多种语言，对语言学的发展产生了深远的影响，被人们称之为"现代语言学之父"。

　　索绪尔是第一位正式将语言研究纳入符号学视野的语言学家，他明确指出语言学是符号学的一部分，特别强调语言的符号性。在他看来，"语言符号联结的不是事物和名称，而是概念和声响形象，而声响形象也不是纯粹物理的东西，而是声音的心理印迹，我们的感觉给我们证明的声音表象，语言符号是概念和声响形象结合的心理实体。为此，索绪尔选用所指和能指分别代替了'概念'和'响形象'作为一个语言符号的两个面"。任意性是索绪尔确立的语言符号结构第一原则，而在其语言学理论中却鲜明地突出语言结构的稳定性（理据性）。

1.1.4 群体成员共享同样的交流体系

莫尔斯代码的用户知道该系统的工作原理，同样，船员也知道旗语系统的相关知识。蜜蜂、海豚和鸟类都有自己独特的交流体系。换言之，交流体系的使用者都认为这些系统就是表达某种意义的语言。传统意义上讲，用户群体的概念是语言学中争议的根源。不过，进行群体用户定义是可行的，通常可以按照地域、民族、职业、社会经济地位或性别来划分。比如中国北方地区的中国手语用户与南方地区的用户手势打法不完全一样；聋人大学生手势者与社会聋人手势者的打法会有差异；特定职业人群可能会有特定工作手语。尽管目前还没有专门研究，但可以推测中产阶级、受过大学教育的手势者群体，他们打的手语肯定有别于那些文化层次低或文盲群体；男人和女人的手语则随话题不同而各异。

很多中国手语都有地域变体。虽然还没有进行认真调查，但是我们有足够证据证明这点。这不是"正确"或"错误"手势的问题，而是同一个概念使用不同手势的表达。

1.2 语言有别于其他交流体系的特征

1.2.1 语言有构词能力

正因为语言有构词能力，所以生成的句子数量是无限的，任何主题在任何时间都可以形成新信息。而其他交流体系在产出的信息数量上是有限的，比如蜜蜂只能展示有限的产出性，而鸟类的呼唤则没有产出性，也就是说鸟类和蜜蜂产出的信息是有限的。由于旗语和莫尔斯代码是书面语言的代码，是否可以产生无限的信息？目前看来还不可能，因为人们设计旗语和莫尔斯代码目的是采用有限信息进行快速交流。这些说明人类语言有别于其他交流体系的特征之一就是符号产出的句子数量是无限的。如果需要计算现有语言中能产生多少句子，那是很难完成的任务。语言的特有属性在于句子数量是无限的，而且任何句子都可以进行编码。

1.2.2 语言具有显示符号之间关系的功能

相对于语言交流体系以外，我们称之为其他交流体系。在其他交流体系中，比如莫尔斯电码，旗语和动物的交流体系，符号是连续出现的，而且符号信息的感知者可以从观察或倾听符号序列中获取符号信息所表达的意义。但是，他们并没有显示符号之间关系的功能，而语言则有这一独特功能。比如，在汉语句子"全国有名的将军县是红安县"中，名词"将军县"可以显示红安和走出的一千多位将军的关系，并表明红安引以为豪，波澜壮阔的红色历史。句子"小明已经跑了"中，紧随名词"小明"后的词汇"已经"是副词，它用来描述动词"跑"。

中国手语也具有显示符号之间关系的功能。手势"帅"可以用嘴角上扬、眼睛睁大来表示，嘴巴只需要微微闭合即可。这种面部表情是一种非手动标志[①]，可以翻译成汉语中的"酷毙了，有精神"的意思。这种非手动标志有别于翻白眼。"翻白眼"手语中，嘴巴同样也是微微闭合，嘴角上扬，而这可以翻译成汉语中的"无可奈何地"。

语言是具有语法功能的符号，可以用来显示符号之间的关系。汉语中有一类词汇称之为介词（prepositions），用来显示词与词之间的关系。如"书在桌子上"这句话中，在……上表示的是书和桌子之间的关系。中国手语则以一种不同的方式来显示这种关系。比如："书在桌子上面"就表示书在桌上。

$$\frac{t}{书桌} \qquad \frac{t}{书本} \qquad \text{CP：书 – 桌子 – 在……上}$$

在中国手语中，书桌和书本之间的关系可以用分类词谓语来显示（关于分类词谓语的解释可见第四章），而不是用介词来显示。这个句子中的分类词谓语就是用来显示书被放置在书桌上的手势。在手势桌子和书上部的 t 显示的是主题化。换句话说，通过皱眉、微微睁大眼睛、把头轻轻地歪向一边，手势者就可以表达这句话的主题。中国手语具有显示符号之间关系的功能，它有别于汉语。

---

① 原英文名为 non-manual signal，国内普遍译为非手控标志，本文认为应为非手动标志，意指非手部部分打出的动作，包括腿脚、躯干、面部、头部等动作，如皱眉、眼神接触、张大嘴、伸舌头、头部向后倾斜，等等。

1.2.3 语言具有引入新符号的机理

其他交流体系使用的符号集是有限的，而且是固定的，在使用过程中不能引入新的符号。但是语言学家在语言上发现的最有趣事实是，语言允许通过不同方法不断引入新符号。手势"微波"是最近刚刚通过合成的方法引入的。中国手语合成词中的其他例子包括爱人（相爱＋人）、教室（教育＋房子）和运动队（运动＋队伍）。除此以外，通过非合成方式引入新手势的还有非典、禽流感、微信、萌、尴尬、监控器，等等。

在语言中添加新的词汇或手势是语言随着社会的发展与时俱进而演化的结果。为了本国手语的发展，很多中国手语的手势现在正在被抛弃（见图1-8），比如 BP 机、暖壶、球鞋、大哥大。中国聋人协会下设的手语推广与研究委员会肩负着推广手语、开展手语培训的责任，因此每年会在其官网上发布新手势的打法，具体可见 http://www.zglx.org.cn/node_308580.htm

BP 机

球鞋

大哥大

暖壶

图1-8 正在消失的中国手语手势

1.2.4 语言可用于任何领域

一般来讲，其他交流体系中的交流领域（主题领域）受限于基本生存条件或紧急情况。语言则没有这种情况。限制动物交流体系的领域主要集中在食物、危险情况和交配时，而旗语受制于航运和突发紧急情况。但是，语言可以用来表达人类需要表达的从生存条件和紧急情况到哲学和艺术的任何领域。同样，由于旗语和莫尔斯电码属于书面语言范畴，所以它们也有可能用来讨论任何话题，但从目前来看还不切实际。

1.2.5 符号可以分解为更小单元

在其他交流体系中，一个符号就是一个独立单元，这些单元似乎没有使用者可以操作的内部结构。比如蜜蜂的舞蹈动作分为不同种类，但是，形成舞蹈动作的独立单元是不能重新组合来形成新的舞蹈动作的。有研究证据表明，鸟鸣声和灵长类动物叫声中存在着更小的单元；旗语的设计是固定的独立单元，莫尔斯电码信号的嘟嘟声数量也如此。但是语言的惊奇之处在于每个符号都可以分解成更小的单元。在语言学中，这就叫作模式二元性（duality of patterning）。语言中，无意义的语言单元可以组合形成任意性的符号，而且这些符号可以依次重新组合，进而生成更大的意义单元。我们可以通过比较手势"孔雀、酒和犹豫"和"三月、九周和六年"来发现，所有六个手势都有其内部结构：都有手形、位置、手掌方向和运动等成分。在中国手语中，有些手势的独立成分也具有独立意义。在手势"三月、九周和六年"中，手形成分具有特殊意义，这就使得"九月"区别于"一月"；"三周"区别于"五周"；"六年"不同于"八年"。

在其他手势中，所有手势成分联合形成一个意义。比如，在手势"酒"中，手形是没有意义的。但是手形成分和其他成分则可以形成一个独立意义单元。（见图1-9）

1.2.6 一个或一组符号可以传达多个意义

在其他交流体系中，每一个或一组符号都有一个意义。这些体系是不能表达反语、讽刺、幽默等非字面意义的，但语言可以做到。一个单一中国手语句子可

酒（手形无意义）　　　　　九月（手形具有特殊意义）

图1-9　有无意义的手形比较

以发出要求信息、命令或陈述事实。任何语言中，单个或单组符号可能具有不同功能，相反，单个功能则可以用不同符号来实现。比如，在中国手语中，疑问句"你从哪里来？"打法如下：

$$\overline{\text{来哪里}}^{\text{q}}$$

图1-10　"你从哪里来？"手势打法

注意句子上方的字母 q 代表着句子类型，即疑问句，要眉毛上扬，加上向前轻轻挤头才能完成。见图1-10。在语言学中，这些差异的出现与语用学有关。这意味着一个单词或句子的意义依赖于它使用的语境，比如时间、地点、与其他人的关系，等等。与此有关的事实是，我们也可以在语言使用过程中撒谎或提供一个错误的语境。而鸟儿学会了其他鸟类的叫唤声，目的是欺骗，这可能是纯基因决定的行为。

你从哪里来？

图1-11　"你从哪里来？"手势图片

1.2.7　语言可以指代过去、未来和非即时语境

也就是说，语言应用的语境不仅限于现在和即时场景。这种允许语言使用者指代不同时间的语言特点被称之为易位（displacement）。一般来讲，其他交流体系局限于现在和即时语境。科学家已证实，蜜蜂的舞蹈动作可能指代不在近邻之处的食物来源，但是这种指代不过是相对即时的实体。鸟叫声并没有显示易位的证据。语言却可指代过去、将来和有条件的事件和实体。这样，语言通过允许指代非即时的事件和实体就把语言与其他系统区别开来。这个概念在下列的中国手语语句中可以得到验证：

中国手语：她要走昨天　她告诉　你。

汉语：昨天她已告诉你她今天要走了。

在这句话中，她指的是一个非现在语境的人，手势"昨天"指的是发生在这个特定句子之前的事件。

1.2.8　语言随时间而变化

语言和其他交流体系的主要区别在于语言可以随时间而变化，它是使用者之间语言使用和交互的结果。而其他交流体系的变化必须靠有意识地引入，而不是自然交互和语言使用的结果。它不属于语言的特征。新单词或手势被加入到语言中，用来反映新技术（比如手势）。已经存在的手势可以随时间而改变。我们可以比较北京老一辈聋人打的"妈妈"手势和新一代聋人打的"妈妈"手势（见图1-12）。你看到了什么变化？

以前的手势

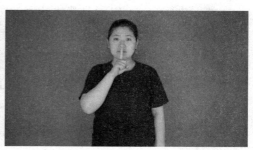
现在的手势

图1-12　两代中国人手语"妈妈"的区别

1.2.9 语言可以交换使用

所有的语言使用者都可以传递和接受信息，但是，其他动物的交流体系来讲却不同。比如鸟鸣声就只通过雄性鸟类发出，而蜜蜂的舞蹈动作只有通过工蜂才能发出。

1.2.10 语言使用者会监控其用法

就像人类创造语言一样，人们也倾听或观察语言本身，而且一旦认为生成的语言有误，他们会马上修改。如果一个中国手语的使用者意识到她生成的手势有误，他或她会迅速进行修改，或打出手势"错了错了"，然后重新开始。研究人员尚未查找到鸟儿或蜜蜂是否可互相监控其发出的信息。

1.2.11 语言使用者必须从其他使用者身上学习交流体系

大量研究证据表明，人类天生就具有学习和使用语言的能力，但婴幼儿必须利用听觉或视觉与熟练使用语言者交流，包括小孩间的互动，才能通过"鹦鹉学舌"的模仿而习得语言交流体系。在不同的语言环境中学会不同的语言，如果在手语环境中可习得手语，在外语环境中可习得外语。现代研究发现，语言习得的最佳年龄是越小越好，语言习得的关键期为0-5岁前。

1.2.12 语言使用者可以学会同类语言的其他变体

和汉语使用者可以学习其他外语一样，中国手语使用者也可以学习使用其他国家手语。尽管北京手语有别于上海手语，但是来自上海的手语使用者可以学习使用北京手语。研究表明鸟类、蜜蜂和其他非人类灵长类动物就没能发现这一点，这些动物似乎局限于使用一种变体。

1.2.13 语言使用者运用语言讨论语言

语言使用者可以编写词典、语法书或与语言学有关的教材，还可以回忆、思考、讨论他们的语言，这个特点似乎是人类语言所独有的。

1.3　中国手语

　　根据第六次全国人口普查人数及第二次全国残疾人抽样调查数据，我们可以推算出，2010 年末我国听障残疾人数为 2054 万人，比人口最多的少数民族——壮族 1617 万人还多 440 万人，占全国总人口的 16.79‰，而且每年还递增 3 万听损新生儿。1996 年 12 月《吉隆坡宣言》指出，手语不仅是聋人之间必不可少的交流工具，还是绝大多数聋人的第一语言。由此说明中国手语（中国手语易与手势化汉语相混淆，若无特别说明，以下均指自然手语）是我国使用人数最多的"少数民族"语言，是中国聋人交际和思维的主要工具。《中国残疾人事业"十二五"计划纲要》提出："将手语、盲文研究与推广工作纳入国家语言文字工作规划，建立手语、盲文研究机构，规范、推广家通用手语、通用盲文，提高手语、盲文的信息化水平。"研究中国手语，并发展这门新生的语言学科是个难题，也是摆在我国科技工作者面前的一项重要任务，尤其是在国家大力推行少数民族语言保护政策和推行信息无障碍工作的社会背景下，这项工作对于服务国内弱势群体，构建和谐社会显得更有意义，对我国的特殊教育、无障碍事业乃至整个人类科学技术的发展都有极好的促进作用。

1.3.1　中国手语的内涵

　　中国手语（Chinese Sign Language）在中国是一个概念比较模糊的名词。本书将中国手语定义如下：

　　　　中国手语是指中国大陆和其他华语地区聋人群体使用的一种复杂空间视觉语言，它使用手的手形、运动、位置、手掌朝向，配合面部表情和身体姿态，按照一定的语法规则来表达特定意思，是一种具有完整语言体系的自然语言。

　　它既不是《中国手语》（这是一本由中国聋人协会编纂的手语／汉语对照词典），也不是将汉语手势化的手势汉语（Signed Chinese）。需要指出的是，这里的中国手语通常是指中国聋人群体内大部分聋人使用的手语交流体系。因为中国是世界上聋人人口最多的国家，其中国聋人群体是个多民族群体，汉族聋人占主要部分。迄今为止，我们尚未见到对中国各少数民族聋人手语分布状况的田野调查，除了西藏手语外，还有维吾尔手语、朝鲜族手语、蒙古族手语等，因此在这里，我们把中国手语界定为中国大陆大部分汉族聋人使用的手语，中国手语语系还需要做进一步研究。台湾手语①和香港手语②不在研究之列。

我们国家地域辽阔宽广，分布着 56 个民族，就有 56 种民族语言。仅仅汉语就有各地不同的方言。不然国家怎么大力推行汉语普通话呢？中国手语也存在着变体和方言，通常所说的"北方方言"与"南方手语"就是中国手语的地域变体。中国手语在不同的聋人群体中也会出现变异，形成了"社会方言"。中国手语的变异不同程度地影响着聋人间的交流，但影响到什么程度，是否形成了聋人间的交际障碍，还未见有专门的调查研究。中国的手语规范化工作已经不是在多种手语体系中选择一种作为共同语的问题，而是在中国手语的多种变体中选择出通用手语作为中国聋人群体的规范手语。

中国手语是世界上使用人数最多的聋人手语，要加强中国手语语言学学科建设，任重道远。包括对手语语言学的研究，对中国的聋人手语以及中国手语的各种变体进行实地调查，进行历时和共时的比较研究、通用手语的选定、通用手语的宣传推广、手语教学的研究、手语语言心理学的研究、手语语言及翻译专业的学科建设等。

1.3.2　中国手语的发展历史

中国手语在漫长的历史发展过程中逐渐孕育、演化和发展，显示其作为聋人主要交际工具的存在意义和重要价值。同汉语历史一样，中国手语起源较早，经

---

①　文献 *ShuNeng Sheng Qiao*［*Your Hands Can Become a Bridge*］（Vol. 1）（Smith, Wayne H., and Li-fen Ting. 1979.）指出台湾手语不属于中国手语家族，而属于日本手语家族。另据台湾中正大学张荣兴教授说法，台湾手语分为台北 TSL 和台南 TSL。这两种方言的语法结构基本上是相同的。这两个方言之间的差异主要是词汇，举个例子像汽车、酒、蔬菜、葱、菠萝等，他们在这两个方言里打法不一样的。

②　根据文献《香港手语源流发展》（香港聋人福利促进会 1987 年）指出在 20 世纪 60 年代由一群从南京、杭州及上海来的聋人移民创立的中国华侨聋哑学校为香港手语的发展做出了贡献。另据香港中文大学 Woodward 指出香港手语和上海手语基本词汇拥有大约 70% 的同源词（cognates）。由此可推论香港手语可能为中国手语的一种地域变体。

历了手势动作由复杂到简便、手势词汇由贫乏到丰富、从各地较大差异化到全国逐步标准化基本统一的发展阶段。

一般认为中国手语的发展历史经历了三个阶段：

1. 古代萌芽期

从史料记载来看，中国手语的早期文字可见于约公元前100年的《史记·淮阴侯列传》："骐骥之局促，不如驽马之安步也……虽有舜禹之智吟而不言，不如瘖聋之指麾也。"文中"指麾"为聋人挥舞手势进行表达的动作。历史文献中描述聋人手势语的词汇还有"手麾、手式、指画、形语"等。宋代著名的文学家苏轼在《怪石供》中提到聋人手语为"形语"："海外有形语之国，口不能言，而相喻以形。其以形语也捷于口。"此后有不少古代文献记载了中国手语，可以看到这些手语以模拟事物形象为主，有"手式"和"画字"两种基本形式，已具有自然语言的初始形态。

2. 近现代各地不统一

直至近代，聋人学校的兴办和聋人社会活动的蓬勃发展推动了中国手语的发展。1887年（清光绪13年）秋美国传教士、神学博士 Rev. Charles Rogers Mills 夫妇在山东登州（今蓬莱）创办了中国第一所聋校——启喑学馆，并搜集中国聋人手势，同时将手指字幕传入中国，使之成为中国"第一代手指字母"。通过巡回表演、培养师范生、鼓励学生分赴各地创办聋校等方式，促进了基于"可视语言"符号的赖恩手势在中国聋人群体中的传播，一般认为这就是中国手语的起源。

此后，中国各地陆续办起越来越多的聋校。聋校往往被看作是聋人手语的"发源地"。因为聋校是聋人最集中的地方，也是手语使用最多的地方，同时也是新的手语词创造的地方。聋生在课堂或课后，比如在操场、宿舍、食堂等一切两人以上聚合场地都使用手语交流，并把手语一代代传承下来。即使在新中国成立后口语教学的鼎盛时期也如此，手语没有被彻底根除，仍然被流传下来。

由于各地手语存在差别，聋人相互交往并不顺畅，这对中国手语的发展提出了迫切要求：扩充手语词汇和规范手势动作。1947年中华民国教育部《令本部特设盲哑学校》提出"哑生手势应予改进、统一，并增手势之种类使无意不能表达"。从此，以汉语语法规则为基础的标准化"手势汉语"逐渐发展起来。而地域

· 阅读材料 ·

杨军辉简介

杨军辉，1969 年 11 月出生于北京，4 岁半时因发烧打针导致耳聋。先后毕业于首都师范大学、美国国家聋人工学院、美国高立德大学获得中文学士、教育硕士、聋人教育博士学位。曾任北京市第四聋人学校教师，现为英国中兰开夏大学手语语言学讲师。

在杨军辉之前，中国国内还没有权威书籍对中国手语予以统一的界定。造成这种状况与聋人教育史上出现的教育观点偏差和聋人文化有关。从 20 世纪 50 年代末开始，一段时间内，中国大陆聋校的教学语言被规定为口语。口语在聋校教学中的垄断地位使手语处于非常尴尬的境况。直到 20 世纪末，随着国际上对聋人文化和手语语言地位的肯定，聋校教学语言的多元化选择渐成趋势，大家对手语的讨论和研究也越来越频繁。但是在研究过程中，涉及手语的名称、概念及内涵等方面存在着随意性。在学界手语论文中，甚至同一篇文章的各部分之间都存在着混乱和矛盾。常见的说法有中国手势语言、中国聋人手势语言、中国汉语手势、汉语手势、中国聋人手语等。杨军辉对中国手语语言学的贡献在于她在国内较早系统性地研究了中国手语和中国聋人教育。她 2002 年在其文《中国手语和汉语双语教育初探》给出了中国手语的准确定义：中国手语是人们在聋人环境使用手的手形、移动、位置、手掌朝向，配合面部表情和身体姿态，按照一定的语法规则来表达特定意思的交际工具。此后厦门大学肖晓燕教授对此定义做了更正，认为手语的使用范围不仅在聋人之间，也是健听人与聋人之间交流时使用的一种视觉手势语言。

语言文化、西方殖民活动、教会文化传播等因素造成的差异，使中国手语经历了一个长期的"各地不统一"阶段。

3. 当代中国手语日臻完善与统一

新中国成立以来，中国大陆手语得到长足的发展。1958 年 7 月 29 日，中国聋人手语改革委员会成立。该会在北京、武汉、青岛、南京、沈阳、哈尔滨、兰州、成都、广州、昆明等 11 个城市建立手语工作站，收集和研究各地手语，编纂统一的聋人手语词典。1960 年，中国盲人聋哑人协会制定的《关于修订聋哑人通用手势语工作方案》，结合使用手指字母修订手势符号的原则，共提出三种使用指势的方法：不便使用形象化动作来表达的词，用指语字母代替；常用词和短语，用指语缩写法；手指字母与形象比划结合的方法制定手语词。

从 20 世纪 50 年代初到 2000 年前后，中国手语处于规范统一推广期，中国手语语言学研究的学术成果还是极少。傅逸亭和梅次开于 1986 年出版了一本《聋人手语概论》，这是中国大陆第一部研究手语的专著。2003 年中国聋人协会编辑出版了《中国手语》。

· 阅读材料 ·

中国手语的学术流派之争

对于中国手语的语言地位颇有争议。一派认为中国手语是独立的语言，另一派认为中国手语是附属汉语的，不是独立语言。前者观点占主流。这是中国手语研究中的学术流派之争。

2005 年北京手语论坛大会上，原国家语委某官员在报告中说："现在的中国手语是建立在普通话基础上的，用于特殊人群，比如用于聋人交际的一种以手形为载体的视觉语言。要是从语言学的角度来看，它是聋人交际的一种工具，但是它还是依托于汉语普通话的，没有独立的语音、语汇、语法文字系统。"

《现代特殊教育》2001 年刊登的《国际特教界的追寻——双语双文化研究荟萃》文章介绍了 2000 年第十九届国际聋人教育会议材料，原上海聋人职业学校校长兼中国聋协主席看了后不免纳闷。他说：聋人分散生活在自己各自的国家、民族和社会，聋人是构成民族社会的一分子，他们并不具备形成单独的社会集体的条件，因此他们不可能产生自己独立的语言。所谓聋人手语是独立的语言，这是一个误会。是把手语的特殊表现形式过分夸大了。聋人需要学习掌握本民族的语言文字，这是他们参与社会生存的基础。所以本民族语言就是聋人的母语。手语本身只有表达功能，不可能有自己的"词"和"语法"，也没有自己的书写形式。

辽宁师范大学张宁生教授则认为双语教学则首先要认定手语是一门独立的语言，缺少这个前提就谈不上"双语"教学。他在《聋人手语的语言学研究》里对聋人教育中手语认知，聋人手语语言学研究的背景、社会意义，手语语言学的结构分析，以及语言学家参与手语研究及其意义进行了论述，由此通过对聋人手语语言学的研究认为中国手语是一门独立的语言。

复旦大学龚群虎教授说："世界上大部分发达国家的语言学家都认为手语是语言，而我们国家却不认为它是语言，人家会觉得我们很奇怪。"

2007 年国家正式将手语翻译员列为新职业，而后原劳动和社会保障部批准颁布试行《手语翻译员国家职业资格标准》。中国手语的学术和社会地位逐渐提高，越来越多的学者投入到该领域的研究之中。2010 年 7 月 16 日，教育部、国家语言文字工作委员会、中国残疾人联合会共建的"国家手语和盲文研究中心"在北京师范大学成立。

纵观人类社会发展史，可以说，中国手语是随着聋人教育的发展而形成和发展的，而聋人教育是随着社会的文明进步而发展的。在人类社会发展早期，正常人都生存困难，残疾人根本没有生存的权利和条件，孩子出生后如发现残疾就会被剥夺生命，更谈不上受到什么教育。随着社会的进步，残障孩子虽然不会都置于死地，但能受到教育者也是寥寥无几，只有开明的富裕人家给聋孩子请了家庭教师，便开始有了零散的聋人教育，但聋人之间的交流相对隔离，缺乏中国手语进一步发展的社会基础。

笔者认为，科学研究就是探明事物的真相，对中国手语的认知研究必然有一个过程，随着对语言学研究的深入，人们对手语的认识也在不断深化，现在逐步达成共识，包括有些原持反对观点的学者也从多方面论证了中国手语是门独立的语言。

1.3.3　中国手语是自然语言吗

美国学者 William Stokoe 于 20 世纪 60 年代初发表了《手语结构》，这是世界上第一本关于手语的著作，书中明确提出美国手语是一种自然语言，这在当时的美国学术界引起轩然大波。到了 90 年代，手语是一种自然语言的观点已在美国学术界达成共识。时至今日，手语语言学早已成为语言学研究中不可或缺的组成部分，语言学家们开始从不同层面研究手语，而研究范围也从美国手语扩展到其他手语类型。

"手语是一种自然语言"在很多西方国家早已达成共识。在我国学界经历了学术流派之争，也基本达成共识。这个共识很重要！只有确立"手语是一种自然语言"的认识，才能推动中国手语学研究的快速发展，聋人教育机构才会逐步接受手语汉语双语教学；社会和聋孩家长才会逐步认同聋人的母语是中国手语；聋人及其语言——手语在学界的地位才能逐步提高，聋人语言和文化也才会受到社会应有的尊重。语言学家有责任也有义务让整个社会了解中国手语，提高中国手语和聋人文化的社会地位，并将中国手语的研究成果推向世界。

1. 语言学理论的证据

对于语言的第一假设任意性，刘润楠等人通过分析，统计了中国手语词例的打法和意义之间的联系，比较了相同词语美国手语和中国手语打法的异同，从心理语言学角度提出中国手语和汉语、英语等有声语言一样，具有理据性和任意性。

在手语句法上，沈玉林、龚群虎等人认为中国手语句子中名词成分与手语空间中的坐标相联系，动词成分在这些抽象坐标间移动就会确定动词的主语和宾语。吕会华等人指出中国手语存在关系从句结构，通过非手控特征标记出来。他们都认为手语主要通过词序和操作手语空间来表达句法信息，一些非手控特征，如面部表情、肢体动作等，也可作为语法标记为表达语法意义服务。

张宁生、龚群虎、杨军辉等人指出，中国手语里与语义结合的单位由手形、手的位置、手的运动和面部表情等参数组成，其中任何一个参数改变都会生成新的手语词（最小的音义结合体）或非手语词（假词或非词）。从手语词法上来看，手语中的语素可分为自由语素和黏着语素；从手语构词来看，可分为复合构词、屈折构词、派生构词等；手语中同样存在名词、动词、形容词这三个主要词类和其他一些词类；手语的动词也存在着数、时、体、态等语法范畴。

2. 手语习得的证据

从手语习得的研究来看，手语有着和口语习得类似的时间表。如聋婴的前语言阶段，会出现一个手控婴儿语言时期。随后在手语词汇和句法的习得过程中，也会经历单词阶段、双词阶段、简单句法阶段和复杂句法阶段等。

3. 认知神经科学的证据

手语的神经语言学研究发现中国手语与汉语口语有着极为类似的神经基础。华东师范大学方俊明教授使用功能性磁共振成像研究发现，中国手语生成一般会引起左脑前部额叶脑区的激活，中国手语理解会引起左脑后部颞叶脑区的激活，实验结果证明中国手语与有声语言的绝大多数功能区是叠合的，与美国手语的研究结果相似，聋人的视觉性语言优势半球也是在左半球。语言的半球单侧化现象以及语言大脑功能定位区很少受语言模式特征的影响。清华大学等手语事件相关单位研究也发现，中国手语的句法违反会引起 P600 成分，语义违反会引起 N400 成分。此外口语失语症研究也表明，左脑前部损伤（额下回）会导致口语产出出

· 阅读材料 ·

龚群虎简介

龚群虎，男，1962年12月生于西安，先后获得北京师范大学中文系硕士学位（理论语言学方向）、上海师范大学语言研究所博士学位（历史比较语言学方向）。曾任西安聋人学校教师，现为复旦大学中文系教授，博士生导师。

龚群虎教授对中国手语语言学的贡献在于，他以语言学家的身份，充分肯定了中国手语的语言学地位。在当代语言学框架下，运用美国手语语言学研究理论和方法阐述了中国手语语言学宏观研究，尤其是2003年在复旦大学开设《中国手语语言学》选修课，并开始在语言学及应用语言学专业招收以手语语言学为研究方向的硕士生、博士生以来，初步形成一支专业的手语语言学研究队伍。

2003年夏，在大连双语经验交流会上，龚群虎教授作了聋人语言问题的发言，对确立中国手语的独立语言学地位具有划时代意义。

现问题，而理解能力相对正常，称之为布罗卡失语；左脑后部损伤（颞上回后部）会导致口语理解出现问题，而口语产出能力却相对保留，称之为威尔尼克失语。手语失语症研究的大量文献都发现了与有声语言类似的失语症类型，如语法缺失、语法错乱、音素性错语等。

习题

1. 口语和手语的基本特征是什么？
2. 为什么中国手语也是一门语言？
3. 理解什么是语言学？
4. 语言学家的工作任务是什么？
5. 中国手语与中国聋协编撰的《中国手语》的区别是什么？
6. 简述中国手语的发展史。
7. 与其他交流体系相比，人类语言的独特特征在哪里？
8. 什么是易位？

课外阅读材料

高宇翔，顾定倩．中国手语的发展历史回顾［J］．当代语言学，2013，1：013.

此文系统地介绍了中国手语的历史，比如中国手势语、手指语在历史上的发展情况，有助于我们加深对中国手语的认识。

龚群虎．聋人教育中手语和汉语问题的语言学分析［J］．中国特殊教育，2009，3：63-67.

此文为龚群虎教授撰写的唯一一篇可见公开报道的手语语言学论文，从语言学角度分析了中国手语和汉语，有助于澄清我们对中国手语常见的误解和问题。

刘润楠，杨松．试论手语词汇的任意性和理据性［J］．中国特殊教育，2007，5：38-42.

刘润楠作为北京大学中文系博士，从语言研究的第一假设证明了中国手语确实是一门独立的语言。

Klima，E. S. andU. Bellugi（1979），*The Signs of Language*，Harvard University Press，Cambridge，Mass.

本书为手语研究及手语语言学的革命性著作，收集了作者及其研究团队多年对美国手语的结构分析与心理语言学实验。本书不但对手语的本质有深刻的剖析，奠定了手语结构分析的基础，而且开创性地引导了手语的心理语言学实验，为手语语言学及手语心理学研究者必读的经典著作。

第二章　手语音系学 ^①

　　美国著名盲聋作家海伦·凯勒说："盲，是人和物之间的距离被隔断了；聋，是人和人之间的距离被隔断了。"几千年来，聋人由于听力言语障碍，导致与主流社会人群交流不畅，信息闭塞，致使他们在接受教育、就业、参与社会生活等诸多方面受到阻碍。如今科学技术快速发展，国家正在大力研发、推广信息无障碍技术让弱势群体中的聋人，也能更多地享受到人类的科技成果，使他们能像键听人那样迅速、便捷地获取信息。在此背景下，笔者更希望为健听人和听障人架起一座畅通交流的桥梁，构筑这座"桥梁"包括学习、认识手语，等等。

　　为此，首先要了解和掌握手语的发音，认识音系学概念。本章旨在通过介绍音系学的基本概，以便了解和认识中国手语音系学的规律。

2.1　手势由更小单元构成

　　如前所述，语言独立于其他交流系统的特征之一就是符号可分解成更小的单元。音系学是研究语言中最小对比单元的科学。对口语而言，这些对比单元就是声音。语言学家研究的是语言中声音的内部结构和组成。要认识手语的音系系统，就要了解手势的更小单元。那么什么是手势的最小单元呢？手势具有五个基本构成单元——手形、运动、位置、方向和非手动特征，这五个基本构成单元就是手势的最小单元。下面就手势的最小单元做进一步的阐述。

_____

　　① 沿用语言学界说法，指从社会属性出发，针对语音在某一个具体语言的系统中起什么作用的研究。

2.1.1 手语发音器官

口语是利用肺、横膈膜、气管、声带、口腔、鼻腔、咽腔作为发音器官，而手语的发音器官则是人体各个部位。根据发音部位的不同，手语包含手动和非手动两种成分。

手动成分是指从肩部到指尖

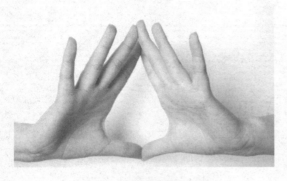

图 2-1　手语的手动部分

的部位，包括：手形、运动、位置和手掌方向，见图 2-1。

非手动成分是指所有不包括手和手臂的其他身体部位，比如脸、躯干等。手势者可借此表达面部表情、身体动作等。如果我们对脸再进一步作划分，可得到图 2-2。

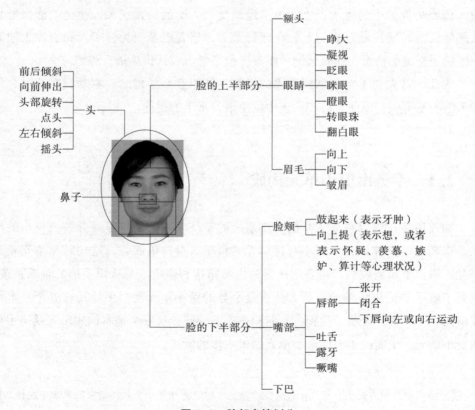

图 2-2　脸部表情划分

图 2-3 手语中的右利手和左利手

人们在长期劳动和使用工具的过程中，一些日常必须的活动常用一只手来进行。于是就有了人手的优势——"利手"的概念。习惯于用右手称为右利手，习惯于用左手称为左利手。世上大约有 90% 的人是用右手执行高度技巧性劳动操作，称之为"右利手"。研究发现，右利手人群中绝大部分的语言优势半球是在左侧。左半球管理右手活动，所以长时期来"利手"被视为语言优势在哪一侧半球的外部标志。中国在 20 世纪 80 年代对 18593 人的调查结果表明，右利者占 91.51%，混合利者为 8.26%，左利者仅为 0.23%。低于西方国家的平均最低左利手比例。关于利手形成的机理和大脑优势的关系目前尚无定论。

右利者的右手一般叫主手，左手叫辅手。左利者手反之亦然。如图 2-3 所示。

根据手部参与的程度，手势可划分为单手手势和双手手势，顾名思义，只需要用一只手就可以完成的手势叫单手手势。需要用两只手才能完成的手势叫双手手势。这两类手势不存在绝对的界限，很多情况是可以相互转化和通用的，比如一些双手手势有单手手势的形式，如中国手语中的"交通、帮助、冰"。一些单手手势可以变成双手手势，以表示强调，如中国手语中的"来回、换、洗澡"。

2.1.2 手势内部的成分分析

手语语言学家采用专业术语"音系学"来指代手势的结构和组成研究。中国手语的手势所具有的五个基本构成单元——手形、运动、位置、方向和非手动特征，就是手势的最小单元，也称之为音韵参数。上述参数是"次词汇"（sublexical）单位，各自具有不同的特征，可被用来组成一个手势，如同口语中不同音位组成音节，然后再组成字、词、短语、句子一样。

手势可以同时由一个或多个相同参数构成。比如手势"你"与"活"具有同样的手形参数，"家"与"人"、"尝试"与"颜色"的手形参数不同；"而"和"水"具有同样的运动参数，"一"和"哪儿"、"炒菜"与"切菜"的运动参数不同（其他三个参数都是一样的）；"想"和"兵"、"羊"和"牛"具有同样的位置参数，"警察"和"告诉"的位置参数不同；"好"和"谢谢"、"来"和"可以"具有同样的手掌方向参数；"平"和"宽"、"网络"与"纺织"的手掌方向参数不同。但是其中的一对手势却具有三个同样的参数："警察"和"告诉"的手形、运动和方向参数是相同的；"家"和"人"的运动、位置、方向参数相同；"平"和"宽"的手形、运动、位置相同；"炒菜"与"切菜"的手形、位置、方向参数相同（见图2-4）。可见一个参数的差异可导致它们意义上的不同。

因此，要懂得手势的意义就必须对这些单元进行甄别。像"警察"和"告诉"手势之类的位置参数就是一个非常重要的单元，正因为这个单元，"警察"和"告诉"才具有不同的意义，因此这两个手势的差异仅仅是因为位置参数不同。同样手势"一"和"哪儿"的运动参数也是一个非常重要的单元，因为这两个手势的唯一差异就是运动参数不同。"家"和"人"的差异在于手形参数不同，"平"和"宽"的差异在于方向参数不同。当我们分析一对手势时，需要回答的基本问题就是：怎么知道一对手势具有不同含义？什么样的构成单元对应于手势的意义差异？

非手动特征是手势的第五个构成单元。中国手语的很多手势要求非手动特征的参与，这样可以保证手语表达的准确性。非手动特征就是面部表情和肢体动作，主要伴随一定的手势一起生成。比如手势"虎"通常需要张开嘴巴，眼睛要睁大。手势"跳舞"靠腰部扭动来表达。缺少了这些非手动特征，这样的手势是不正确的。

因此我们在分析手语的构成单元时，需要了解下列三点规则：

1. 确保手势组成单元相同而不是相似。比如，"雾"的手形单元是一个5手形，与"影"的手形单元一样，但是与"镜子、洗脸、拍球"的U手形单元只是类似。

2. 有时两个汉语词汇可以用同一个手势来表达。比如汉语词汇"结婚"和"婚姻"，它们手势的形式是相同的。

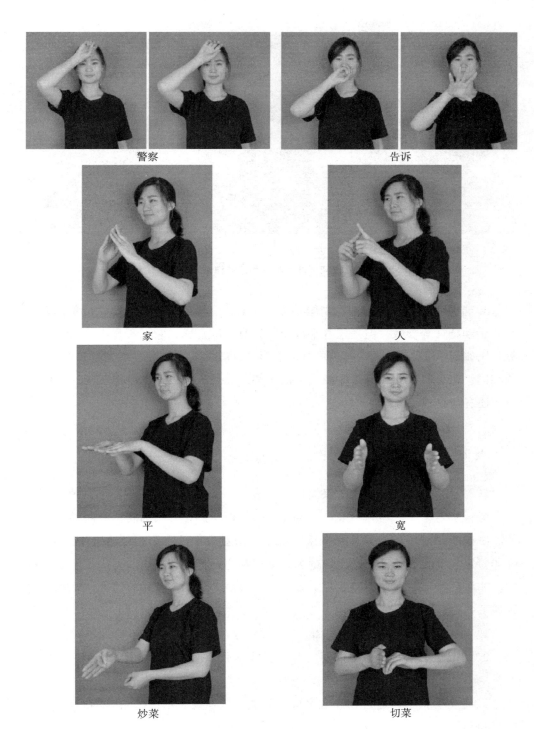

警察　　　　　　　　　告诉

家　　　　　　　　　人

平　　　　　　　　　宽

炒菜　　　　　　　　切菜

图 2-4　在唯一参数中存在差异的成对手势

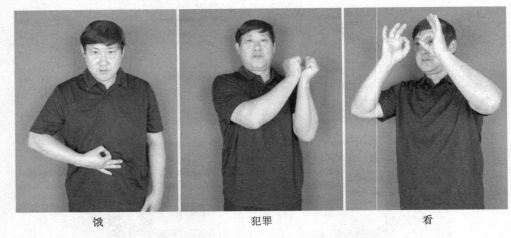

饿　　　　　　　　　　犯罪　　　　　　　　　　看

图 2-5　非手势的手部动作例子

3. 有些手部动作看起来像中国手语的手势，也具有手形、运动、位置、方向和非手动特征等参数，但是这些手部动作没有实际意义，它们不是中国手语的手势。比如图"饿"和字母 e 具有同样的手形、方向、运动参数，与"服"的位置参数相同，但是"饿"并不是中国手语的手势，而是人们发明的手势汉语。与此类似的还有"犯罪、看"等手势。

2.1.3　手势转写

转写是指选择一个合适的汉语词汇来表达手势的意思，即注释，目的是把这些手势记录下来。转写并不等同于翻译，但类似于翻译，因为转写有时是很困难的。一段手语故事的转写就是一系列汉字，来对应中国手语视频语料中的手势。除非特定需要，有些汉语，比如过去时标记和介词标记在手语转写中是不会出现的。非手动特征一般在手势注释上方的一条横线上显示。使用转写的一些基本规则如下：

1. 手势通过汉字来表示，比如"猫、马、学生"；

2. 词汇化的手指拼写单词要用大写字母表示，并在前面加上 # 符号。比如：卡拉 -#OK；

3. 完全手指拼写通过在大写字母中间加上短横线表示，比如：E-X-C-E-L、E-M-A-I-L；

32

4.非手动特征要在手势注释上方的横线来表示呈现，比如以下例子：

例1：

中国手语：我故事不忘

汉语：我有个终生难忘的故事。

其非手动特征转写如下：

$$\overline{\qquad\qquad\overset{t}{}\qquad\qquad}$$
我　故事　不　忘

2.1.4　转写系统

除了用汉语给手势转写，语言学家发现还需要设计出一套系统来描述手语结构。我们将讨论两套系统，即斯多基系统（Stokoe System）和保持－运动模型（也叫里德尔系统，Liddell System），这两套系统都是为了描述手势的手形、位置和运动参数。关于这两套系统我们会在后面进行讨论，这里先介绍标记系统的概念，须具备下面三个要素：

1.语言学家为了描述手势结构，需要统一符号的使用。这些统一符号称之为"规范"，通过这些规范提供一套统一且可预测的工具，供语言学家来进行手语描述。而转写系统就是这样的工具。

2.转写标记的使用要尽可能地精准，这点非常重要。手形、运动或位置的特殊标记以及部署这些标记的特殊方式这两者反映了手势的内部结构。

3.标记手势构成单元所选择的转写系统是研究人员对手势结构思考的直接反映。转写系统不是凭空设想的，是根据手语结构规律所提出的描述规则。我们在对斯多基系统和里德尔系统进行详细讨论时将进一步讲述。

2.2　斯多基系统（Stokoe System）

在此，我们将介绍用于描述手势的第一个系统——斯多基系统。在2.1节中我们描述了手势的手形、位置和运动。你也许发现同样的问题解决方法可能不尽相同。比如手势"孤独"的手形可以描述成数字1或字母I手形；"银行"和"买卖"可以描述成前后运动。

因此描述手势时，描述系统需要保证连续性和一致性。选择数字 1 或字母 I 手形来标记手势"孤独"的手形可能会出现争议，一旦选定用数字 1 来标记，那么后面的标记就应该保持一致，而不能用字母 I，反之亦然。如果"银行"和"买卖"的手部运动用向前或向后来标记，那么应创建一个方法来统一描述每个手势的运动，如主手先向后再向前，不同的是"银行"是对称性条件，而"买卖"是支配性条件。有些汉语词汇，比如"太极、太空、霹雳"之类的运动可能不太好描述。尽管如此，也要让描述精准而显得尤为重要。

2.2.1　斯多基系统设计思想

为了解决上述问题，威廉 C. 斯多基（William C. Stokoe）设计了第一套系统来描述手语。在斯多基之前，手势被认为是不能分析的整体，而且没有内部结构。斯多基被认为是用分析口语内部单元的方式来分析手语的第一人。1960 年斯多基提出手势同时由三个部分（参数）组成，包括手势位置（他称之为"tabula"或"tab"）、手形（"designator"或"dez"）以及运动（"signation"或"sig"）。在斯多基系统中，手掌方向和非手动特征是直接使用的。比如在对手势的实际转写中，斯多基在手形上增加了方向符号，即成为有方向的手形，但是他列出 dez 要素时，只是列出了手形，可以说斯多基的手形要素中暗含了方向要素。70 年代初期语言学家提出了第四个要素：方向。他们建议把手形和方向区分开来，这之后的学者大多采用手形、位置、运动和方向四要素的方法来分析手语语音。为了说明斯多基系统的设计思想，这里仍继续沿用斯多基的说法。

斯多基把三个参数定义为"cheremes"，这源自于"手部"的希腊语"cheir"。他发现三个参数本身没有实在意义，它们只是用来构成所有的手势，与把音素组合而成口语单词的方式一样。每个参数有一组被称之为"primes"的组成部分。比如手形 primes 包括 A，B 等字母和 1、5 等数字；位置"primes 包括面部、鼻子和身体躯干等；运动 primes 包括向上、向下和远离手势者运动等。表 2-1 就显示了斯多基系统的书写符号，这些符号可在斯多基等人于 1965 年共同编纂的《美国手语词典》中看到。在斯多基系统里，参数以特定顺序 TDs 记录下来。这就是说首先书写的是手势位置（tab），其次是手形（dez），最后是运动（vig）。比如手势"梦"的书写顺序如下：

∩ Y^

其中，∩ 表示前额位置，Y 表示手形，^ 表示向上运动。斯多基系统允许手势的基本 TDs 表征出现多个变体。双手手势可以表征为 TDDs（比如手势"朋友"）；双手手势中支配性条件下，即主手运动了两次，而辅手充当背景的，则该手势可表征为 TDss（比如手势层次）。

表 2-1　斯多基系统的部分书写符号

序号	位置符号	手形符号	运动符号
1	Ø，零，表示中间位置，这是双手移动的位置，是与下列位置相对而言的。	A，手掌并拢，握拳，类似于手写体的字母"a"，"s"或"t"	∧，向上移动
2	⊓，面部或整个头部	B，手掌摊开时的手形	∨，向下移动
3	∩，前额或眉毛，脸部上方	5，手指伸开时的手形，手指和大拇指伸开，类似于数字"5"	N，上下移动
4	⊿，脸部中间部分，眼睛和鼻子区域	C，弯曲的手形，类似于字母 C 或开合度更大的手形	＞，向左移动
5	∪，下巴，脸部下方	E，收紧的手形，像字母 E 或弯曲度更大的手形	＜，向右移动
6	Ʒ，脸颊，太阳穴，耳朵和侧脸部分	F，"三环"手形，伸开手形，大拇指和无名指互相接触或交叉	Z，左右移动

摘自 Linstok 出版社 1976 年出版的《美国手语词典》（修订版）（W. C. Stokoe 等人编著）

根据以上斯多基的说法，我们可以给出以下例子，见表 2-2：

表 2-2　斯多基系统表征的例子

手势	斯多基系统表征
瘦	∪G∨
安静	∪D T X
怀念	∩B X X
河流	—⸬Ø5∘∘5·²₁
水	∪W^x· —^x z₁

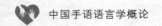

需要说明的是，这个手势"水"还可作为构成元素与其他手势合并为合成手势，如以下例子：

例2：

——⫶ Ø C。C。$^{\vee}$，"雨水"

——⫶ Ø √5。$_{\vartheta}$√5。$^{\mathcal{N}}$，"河流"

——⫶ Ø B B$_{\perp}^{\mathcal{Z}}$，"小溪"

——⫶ Ø √5。$_{\vartheta}$√5。$_{\perp}^{\mathcal{N}}$，"海洋"

——⫶ V。V。$^{\times}$⫶ Ø √5。$_{\vartheta}$√5。$_{\perp}^{\mathcal{N}}$，"盐海"

所有这些都是模仿所指对象的流动，蜿蜒或波状特征，把跟"水"相关的手部动作作为后缀就可以构成合成词，来表达湖泊、海滩、河流和海洋的名称。

2.3 手语描述中的序列概念

在上节中，我们讨论了斯多基为描述美国手语而发明的系统。他的发明成果清楚地阐释了手语结构的初期语言学分析结果。我们将在本节中重点关注斯多基系统中与手语结构有关的两个问题，即描述手势所需的细节层次以及描述手势的序列问题。

2.3.1 描述手势的细节层次问题

根据斯多基系统的理论，手势"快乐、舒服、天"的位置被描述成，或"手部运动的中性位置"，这个位置与鼻子、脖子或胳膊的身体其他特定部位不一样。同样，"上、天和材料"的手形被描述成字母 I 或者数字 1 手形。在位置方面，描述符号 ϕ 并没有显示"快乐、哪里和天"这些手势之间的具体差异，没法描述更具体的细节层次（见图 2-6）。要在"快乐"的细节层次上表达"天"的手势是无法接受的。同样，要在"天"层次上表达"舒服"也是不能接受的。因此每个手势的位置描述需要更加具体，仅仅使用描述符号 ϕ 是不够的，比如"上和天"的手形看起来似乎一样，但是"材料"的手形就完全不同。描述符号 ϕ 对这三个手势的描述还不够具体。（见图 2-7）

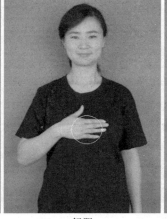

| 快乐 | 舒服 | 天 |

图 2-6 斯多基系统中描述的手语具有同样的位置

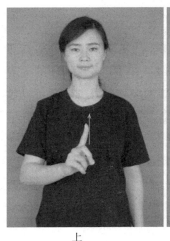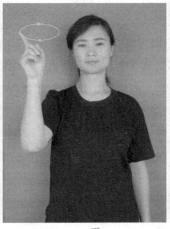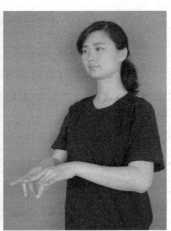

| 上 | 天 | 材料 |

图 2-7 具有相同手形的手语

2.3.2 描述手势的序列问题

有些手势只有一个手形，一次运动，一个位置，一个手掌方向和一个非手动特征。比如"聋"手势等就只有一个手形，"发现"只有一个位置，"假"只有一个手形和一个位置，而"踏步"只有一个手掌方向。但是中国手语有很多手势却含有多个手形、多个位置、多个手掌方向和多个非手动特征。这就意味着很多中国手语手势都具有一系列手形、位置、手掌方向和非手动特征。这样序列的例子如表 2-3 所示：

表 2-3　多个手形、多个位置、多个手掌方向和多个非手动特征的例子

发现	手形	手形 O → L
忘记	位置	前额→大脑后部
绳索	手掌方向	主手掌心向外→向内，辅手相反
甜	非手动标志	唇部紧闭→嘴部张开，同时眼睛正常状态→睁眼状态

在斯多基系统中，两次运动的序列在转写的运动部分中可以显示出来。手势"等级"就可以表示成：

等级 **BαB**ˣ⊥ˣ

这个标注方法表示主手以弯曲的 B 手形快速运动 (ˣ)，并接触辅手（掌心向上，Bα）一次，接着远离手势者 (⊥)，最后重复这个接触动作 (ˣ)。运动序列可表示为 ˣ⊥ˣ。在斯多基系统里，当存在手形、方向或位置的序列时，其变化可以通过运动部分来表示。比如，发现有两个手形 O 和 L，第二个手形可在运动部分里表示：

∩ˣ⊤□[ᴳ]
(∩) O (⊤) (□) L

这种标注表示手形 O 在手势者前额 (∩) 上朝手势者移动 (⊤)，而且还有一个打开的动作 (□)，形成手形 G。

手势绳子的方向序列可在运动部分里表示：

Bᴅ**B**αˢ

这种标注表示手势者一只手（通常是主手）以 H 手形从手掌向下 (Bᴅ) 开始，另一只手（通常是辅手）从向上 (Bα) 开始。在生成手势过程中，每只手的方向是变化的，这样就 D 变成了 α，α 而也就变成了 D。

38

手势忘记，B 手形向上运动 (∧)，与前额 (x) 接触，然后向手势者运动 (τ)，再与手势者大脑后部接触。手势具体表示如下：

∪G∧ˣᵀˣ

因此位置序列可以用 **ＸＴＸ** 来表示。

在斯多基系统的手语描述中，并非忽略了手形、位置和方向的序列问题，也不是序列不那么重要，只是把这些序列看作是运动部分的功能。这里，要充分理解这一点，它意味着斯多基提出的手语结构在基本层次上与口语是不一样的。要说明这个问题，我们必须审视任何语言音系学的最基本概念，即对比。

在英语中，我们可以隔离和描述英语音系学的基本部分（音素），比如单词 PAT 和 BAT，这种单词配对称之为最小对立体。这两个单词在意义上形成对比（代表不同事物），除了一个构成部分不一样外，其他都相同。而且这两个音段 P 和 B 相对，唯一不同的是，发 B 时有振动，可以发声，而 P 没有振动，不能发声。这两个音素在周围的音相同的环境下独立承担区别词的语音形式的作用，他们之间的关系就叫作对立关系。人们对处于对立关系的音的区别十分敏感，一定会认为它们是完全不同的两个语音单位。下面的图表就分析了最小对立体 PAT 和 BAT 的音段（其中 ? 是用来表示元音的，符号见表 2-4）：

表 2-4　最小对立体 PAT 和 BAT 的音段

	P	æ	t	b	æ	t
发音位置	双唇音		齿龈音	双唇音		齿龈音
发音方法	爆破音		爆破音	爆破音		爆破音
清音 / 浊音	清音		清音	浊音		清音

每个发声符号下面列举的特征是指系列发音特点。P 和 B 唯一区别体现在发音上。我们知道，P 和 B 在英语中必须相对（即必须存在于语言的基本构成中），否则两个发音序列可能发音相同而无法区分其意义。这个意义区别必须与 P 和 B 的差异相联系。这种 Pat 和 Bat 表示的对比就叫作序列对比。

序列对比与我们所知的共时对比（即单个同时产生的共同特征中某个特征的特质）不一样。正如我们刚才看到的，英语发音 P 和 B 的对比（当它们不在一个发音序列中时）就是共时对比的例子。P 和 B 各自具有自己的共同特征，只有在这些共同特征中的一个特征，即发声时，才会有所区别。同样，斯多基认为，手语的那些参数同时出现时，会出现很多对形成对比的手势。比如斯多基系统中，下列各对手势可以视为最小对立体：

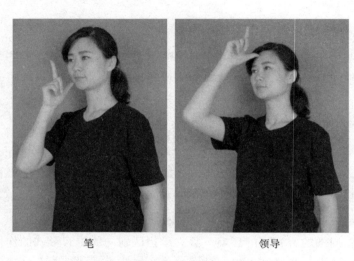

笔　　　　　　　　　　　　领导

图 2-8　"笔""领导"位置上的对立

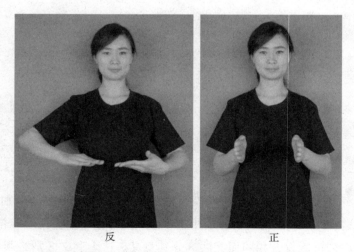

反　　　　　　　　　　　　正

图 2-9　"反""正"手掌方向上的对立

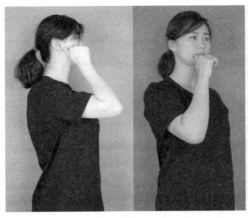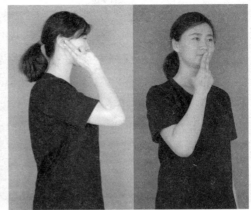

听人　　　　　　　　　　　　　　聋人

图 2-10　"听人""聋人"手形上的对立，其他三个参数一样

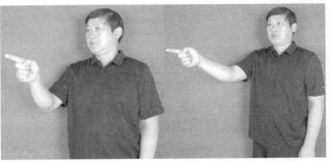

你　　　　　　　　　　　　　　远

图 2-11　"你""运动"运动上的对立

跑步　　　　　　　　　　冷

图 2-12　"跑步""冷"非手动特征上的对立

在所有配对中，手势的区别就在于其同时发生的共同特征中的一对不一样。

在斯多基系统中，对比被认为是共时对比，但没有讨论序列对比问题。实际上中国手语有很多序列对比的例子，因为这些例子已经存在，所以描述手语结构的系统必须能够描述和解释手语中的任何手势。中国手语中的序列对比可以从手势对"北京"（北京手语）和"中国"（北京手语）中看出来。"北京"通过手势者胸上部的位置序列生成，而手势"中国"非常类似于"北京"，只是最终的位置位于手势者身体下方。这两个手语的对比在于其中一个特征的差异，也就是最后位置不同。同样，在单手表达的手势"孩子"（北京手语）中，掌心向下，而另一个手势"相反"（北京手语）中，掌心先向下，然后向上。这两个手势的对比就是方向序列不同，向下对应由下向上。

斯多基把手语"给"的位置描述成 ϕ，那是没有与身体接触的中性位置相联系。但是手势"我－给－他"和"他－给－我"的对比可以在位置上进行精确描述，而且这两个手势也显示了位置序列关系。

很多手势都有手形、位置、方向和非手动特征序列，理解这点非常重要。但是这个序列不是对比。一些手势显示了非手动特征序列，比如手势"奇怪"，开始时以弯曲的字母 i 手形接触太阳穴，皱眉毛，眯着眼睛，然后以字母 O 手形远离前额时，眉毛逐渐放松，眼睛恢复正常，有时嘴巴还会逐渐张开（见图 2-13）。没有非手动特征的参与，这些手势是没法在正常交流情况下生成的，而且非手动特征序列也不能颠倒，如果颠倒，虽然手势表达的意思一样，但表达的程度却可能起了变化，如手势"奇怪"的非手动特征序列颠倒后，一般理解为奇怪的时间较长。由此可以看出非手动特征序列也很重要。

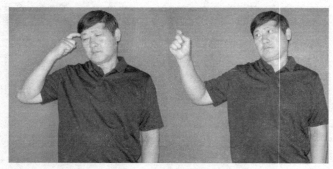

奇怪

图 2-13　手势"奇怪"

很多手势都有位置序列；即先是一个位置，其次才到另外一个位置。比如"梳头、上下、运动"，手势"聋"的位置开始于耳朵下方，止于下巴。也可以以其他方式从下巴开始，在耳朵下方结束。这是中国手语中变体的例子，变体往往由于体裁、地域或语法原因而发生。重要的是，变体总是存在于位置序列中。由于手势表示的是同一件事，无论其开始于耳朵还是下巴，所以这并不是对比的例子。但是在理解中国手语结构及其变化方式中，位置序列仍然重要。

手语采用与口语一样的方式来显示序列对比。用斯多基系统来描述手语时，表征其事实也是其特点。

2.3.3　斯多基系统其他问题

很显然斯多基转写系统还是存在很多问题，比如对位置、手形的描述就不够细。如表2-5所示：

表2-5　斯多基转写系统存在的问题

手势	位置	手势	手形
聪明	ϕ	教育	O
温暖	ϕ	学习	O
企鹅	ϕ	没有	O

"聪明、温暖、企鹅"等的位置就不一样，但都用中性位置来表示，范围太笼统。同样还有"教育、学习、没有"等手势的手形有点类似，因此都用O表示，但前两者毕竟只是扁曲的O手形，跟O手形还是有区别。可见斯多基系统在刻画细节上还是有缺陷。除此，在刻画手势序列上也同样存在很多问题，比如"北京"（北京手语）和"中国"（北京手语）都有位置序列，唯一区别就是最后的位置。但是，在斯多基系统中，这种位置序列并没有显现出来。而是被转写成：

北京 []Cˣ ﹥ˣ

中国 ⠿[]BBˇ

这两个手势的斯多基系统位置标记都相同，即［　］，这表示"从肩部到胸部的躯干部分"；同样的问题还有"孩子"和"相反"这两个手势的方向序列，它们唯一的区别在于手掌方向，但斯多基系统里看不到方向的区别，如以下转写：

相反 ḂᴅBɑ⁰ₒ

这个手势在序列上有两个方向（左边：掌心由上到下；右边：从下到上），这在运动部分可以看到。最后一个问题是"梳头、上下、运动、聋"等手势，这些手势在序列上有两个位置，既可以从这个位置运动到那个位置，也可以从那个位置运动到这个位置。但在斯多基系统里，看不到这些运动的区别。如以下转写：

聋人 ᵕGₐˣᵀˣ

同样的问题还发生在方向动词上，比如"给、帮助"等动词，因为打出这些手势时，手部的特殊位置可以告诉我们谁是主语，谁是动词宾语，然后斯多基系统并不包含这些信息。如以下转写：

给 ∅OᴛOᴛᵢ°

最后一个问题是斯多基系统没有涉及非手动特征的表示，而非手动特征却是手势不可或缺的一部分，必须在序列表示中表达出来。比如这些最小对立体"快乐－温暖"、"跑步－冷"其非手动特征就没法转写。

2.4 运动－保持模型

现在我们知道了，斯多基发明的标记系统不能细致完整地描述手语结构，尤其是在细节层次和序列方面。本节我们将简要介绍斯科特·K.里德尔（Scott K Liddell）等人开发的系统，我们把这个系统称之为运动－保持模型（Movement-Hold Model），也叫里德尔系统。尽管这个模型的细节很多，而且比较复杂，但它对手语结构的基本提法显得尤为重要。也反映了里德尔等人对于手语结构的观点，与斯多基的观点存在差异。我们需要理解这两个观点上的异同。

运动－保持模型对于手势结构的基本提法是，手势由保持音段和运动音段构成，它们按序列生成。关于手形、位置、方向和非手动特征的信息通过一系列发音特征表现出来。这些特征类似于我们在第2.3节中讲述的口语发声。保持音段定义为所有发音以稳定状态呈现的时间，而运动音段则定义为多个发音变换的时间，即一次至少一个参数发生变化，当然可能是一个手形或位置参数的变化，也可能是手形和位置两个参数同时变化，这些变化就在运动音段内发生。比如手势"虫子"就只有手形变化，手势"到"只有位置变化，而手势"兴趣"在手势运动过程中既有手形变化，也有位置变化。

下面我们演示用运动－保持模型来转写手势"修改"的例子：

图 2-14　手势"修改"

表 2-6　用运动－保持模型来表示手势"修改"的例子

	构成部分			
右手	H	M	H	
手形	数字 2		1	
位置	左手为背景		左手手掌	
方向	掌心向下		掌心向上	同时发音
非手动标志	无	无		
左手				
手形	B 手形			
位置	胸部			
方向	手掌			同时发音
非手动标志	无	无		

手势"修改"用右手放在左手之上（对右利手手势者而言）以保持音段 H 开始，接着是运动音段（M）在左手手掌之上原地运动，最后在该位置以保持音段停止。手势变化在于主手的手掌方向，从主手掌心向下到主手掌心向上。

表 2-7　用运动 – 保持模型来表示手势"夜晚"的例子

	手势"夜晚"的书写过程		
右手	H	M	H
手形	CH 手形		扁曲的 O 手形
位置	右眼		左眼
方向	掌心向左		掌心向左
非手动标志	无		无

手势"夜晚"首先通过与右眼平齐开始保持音段，然后向左运动，最后停止在左眼附近。手势从 CH 手形开始，以扁曲的 O 手形结束，而手掌方向从掌心向左开始，到结束之前保持手掌方向不变。

不是所有手势都是保持 – 运动 – 保持（HMH）结构（见表 2-8）。但至少存在六种可能的手势结构，而 HM 并不包含其中（见图 2-15）。正如你看到的，并非所有的组合都能被语言结构所包含。尽管运动 – 保持系统的完整细节已经超越了本课程所讲范围，但是理解该系统的三个基本构成单元还是很有必要的。

表 2-8　可能的手语结构例子

结构	中国手语
M	演讲、哪里
H	尝试、电脑[a]
MH	研究、复印
MHMH	练习、传统
MMMH	欢迎、翻译、投影

注：a 表示做这些手势时手指要扭动，表示内部运动

1. 运动 – 保持模型宣称，手势基本单元是运动和保持，按序列生成。手形、位置、方向和非手动特征的信息通过每个单元一系列发声特征表现出来。这种说

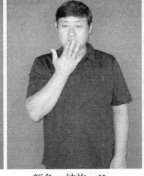

晕 结构：M　　　　颜色 结构：H　　　　理发 结构：M H

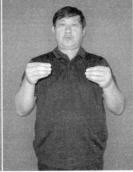
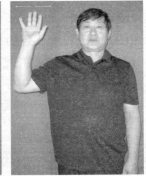

教育 结构：M H M H　　　　再见 结构：M M M H

图 2-15　可能的手语结构例子

法与斯多基认为手势参数同时生成的说法完全不一样，但是与口语音段结构的说法一致。Liddell 和 Johnson 则认为，手语和口语的基本结构相同，这更验证了手语是合理而可行的语言这一观点。而斯多基认为手语与口语不一样，但在最基本表达方式上手语与口语类似。

2. 运动－保持系统解决了斯多基系统的描述性问题。一些手势中序列很重要，且要具有对比性，这套系统能够有效描述序列，还能提供足够多的手语描述细节，并清楚地描述和解释无数个发生在手语中的手势过程。

3. 手语语言学家和其他人员能够辨别手势里的运动和保持音段，还能解释关于位置、方向和非手动特征的信息是如何描述的。他们对手势的分析区别可能在于每个参数其 prime 数量的差异。比如斯多基统计了 19 个手形 prime，而 Liddell 和 Johnson 统计的超过了 150 个。在运动－保持模型中，有些单词，像手势"研究"，一个手势就可能有下列呈现形式：

表 2-9　手势"研究"的可能呈现形式

表达过程		
手形	H 手形	H 手形
位置	辅手手掌	辅手手掌
方向	掌心向下	掌心向下
非手动标志	无	无

不同音段结构反映了意义上的差异。我们可以再举一个例子：快（MH）和速度（MHMH）之间的音段结构差异。在手势"尊重"中，音段结构差异反映的是年龄差异或地域差异，即，上了年纪的手势者可能用 HMH 的变体来描述，而年轻人则用 MHMMH。需要注意的是，手势的意义差异，或者手势者地域与年龄差异，这些差异是这些手势组合方式的差异来源。运动－保持模型为描述这些差异给出了清晰而准确的思路。

2.5　斯多基系统和运动－保持模型的比较

前面我们已介绍了斯多基系统和运动－保持模型，如果回顾并进行认真分析，我们可以发现，这两个模型的区别在于同时性（simultaneity）和序列性（sequentiality）之争议。

斯多基把手势看作是一束同时性的特征（signs as simultaneous bundles of features），此即同时性的观点：手语中，各音系参数是同时出现的。也就是说手形、移动、位置、方向和非手动特征是同时打出来的，这样一个手势就可以一下子打出来。例如中国手语中"不会"手势以一个贴于额头前方的 U 手形开始，掌心向内，然后手移动至额头右侧，同时手形由 U 变化为 A。手势不会是由前额的位置和 B 手形构成的。这个手势有两个同时发生的运动，向右运动的手和变化的手掌是同时发生的。结束的手形由 U 变成了 A 手形。用这种描写方法，斯多基系统就可以对任何简单的手势作结构分析。

可是实际上，口语中声音是线性连续的。序列性观点认为，当我们说英语中的［æsk］'ask'，元音［æ］及辅音［s］和［k］是按顺序依次发出的。虽然斯多基提出手势是没有先后顺序的同时性的特征集，但是用于描写手语的转写系统时，并没有忽略位置、手形和方向的序列性，只是把序列性作为运动成分的一种功能来对待。例如"中国"这个手势，使用一个在胸部前方的 U 手形，掌心向内，拇指朝上。首先，手向右运动，然后再向下运动。在斯多基的转写系统中，这个手势就被转写为。C>v（代表中性空间，C 代表 C 手形，> 代表向右移动，v 代表向下移动）。如果两个动作的顺序颠倒，这个手势就不是"中国"了，而是生成一个有可能但并不存在的手势。

　　以上例子说明，尽管斯多基本人将手势称之为"一束三个同时性要素的组合"，但是，他在描写手势的运动时还是注意到了运动的序列。这个观点也得到了很多学者的支持，他们认为手语的语音层面不存在序列性，手势是由几个参数项的某些值同时出现时才产生的结果，这些参数项就是手的配置、发音位置和运动。

　　尽管如此，还是有学者提出了与此相反的观点，即手语是手势的序列性表达（sequential presentation）。他们反对手势是同时形成的观点，认为手语跟有声语言一样，音系结构通常通过形态变化来表现，中国手语的形态变化需要涉及序列性单位。其中两个学者的观点具有一定的代表性。

　　其中之一是 New Kirk（1980，1981）[1][2]，他赞同序列性，理由是"体的屈折"观点，认为有体的屈折的手势，例如手势"看"，其句子"我看你"和"你看我"的起始位置和终点位置不同，这需要用序列性来描述。不仅如此，手势的形态变化往往也会改变手势的起始位置、运动和终结位置，例如血液和流血用序列性的描述方式来描写手语，就能够解释在同时性观点中所不能说明的形态变化和体的屈折等问题。但他的理论只限于分析体的屈折。

　　另一个学者是 Wendy Sandier（1989）[3]，她直接使用线性 CV 理论来证明序列性，因为 CV 层所体现的有声语言的一个基本属性就是序列性。只有把手语看作是序列性才可能应用这个理论。所以她认为音段序列类型应包括位置和运动，因为在打手势时，手总是经历"在某个位置开始运动——运动——停止在某个位置"这

　　① Newkirk，D.（1998）. *On the temporal segmentation of movement in American Sign Language. Sign language & linguistics*，1（2），173–211.

　　② Newkirk，D.，Klima，E. S.，Pedersen，C. C.，&Bellugi，U.（1980）. *Linguistic evidence from slips of the hand. Errors in linguistic performance：Slips of the tongue，ear，pen，and hand*，165–197.

　　③ Sandler，W.（1989）. *Phonological representation of the sign：Linearity and nonlinearity in American Sign Language*（Vol. 32）. Walter de Gruyter.

样一个过程，位置是停止的具体化。

运动－保持模型的提出者里德尔的观点则不同，他认为手势可以同时结合序列性和同时性，并解释说，表面来看，打手势似乎是手在不停地运动，然而运动（Movement）和保持（Hold）两个音位音段（phonological segments）约各占一半时间，在语音上同等重要。所有手形配置、位置以及其他参数的特征都无序地列举在 H 和 M 之下。因此，像 CHICAGO 这个手势的组成结构就是 MMH。开始的运动（M）包括一个完整的语音特征（手形、运动、位置和方向），后面的每一个部分（M、H）也是如此。把手势区分为运动和停止大约相当于有声语言中把语流区分为元音和辅音。

现在的手语研究者在对手势的结构进行描写时，兼顾了手势音段的同时性和序列性。比如我们国内华东师范大学张吉生教授就运用这个观点分析了中国手语的音系结构。我们认为这实际上是由结构音系学到生成音系学的认识飞跃在手语研究上的体现，生成音系学是在以线性结构为基本特征的传统音系学基础上质的飞跃。当然这种分析还不完全成熟，特别是用在手语上还需要进一步研究。美国音系学家、节律音系学的创始人之一 Mark Liberman（1983）[①]认为，近年来出现的生成理论使得音系表达从过去的线性结构变成多线性的立体结构，这种结构具有更大的不确定性，更需要语音学和心理学方面的证据来帮助做出选择。

2.6 音位过程

既然我们已经谈论了手势的构成部分，以及这些部分是如何组织的，我们也可以谈谈其组成顺序的变化方式。手语组成部分以不同顺序组织，而且相互影响。这些变化是由于音位过程造成的。本节我们将讨论四个方面的内容：运动增音（movement epenthesis）、保持缺失（hold deletion）、音位转换（metathesis）和同化（assimilation）。

---

① Liberman，M. Y.（1983）. *In favor of some uncommon approaches to the study of speech. In The production of speech*（pp. 265–274）. Springer New York.

2.6.1 运动增音

手势依次生成，意味着手势的音段是按照一定顺序生成的。有时运动音段可以添加在一个手势的最后音段和下一个手势的第一个音段中间。这种添加运动音段的过程就叫作运动增音。这可以用"我玩电脑"手语序列来说明（见图 2-16）。

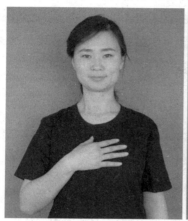

图 2-16　运动增音的例子

这两个手势的基本形式是一个伴随内部运动的保持音段，如下：

我　　　玩电脑

H　　　H

当两个手势依次发生时，可以在两个保持音段中加入一个运动音段，这样，序列看起来就像：

我　　　玩电脑

H　M　H

我们将在讨论手指拼写时来讨论运动增音。

2.6.2　保持缺失

运动增音与另外一个叫"保持缺失"的音位过程有关。当手势依次发生时，保持缺失清除运动音段之间的保持音段，比如：手势"光芒"由一个保持音段、一个运动音段和一个保持音段构成。"暗下来"也同样由一个保持音段、一个运动音段和一个保持音段构成。当这两个手势依次发生时，可以在"光芒"的最后音段和"暗下来"的第一个音段之间插入一个运动音段（这也是运动增音的例子）。还有，"光芒"最后一个保持音段和"暗下来"的第一个保持音段都被去掉了，这样，其结构就变成了保持－运动－运动－运动－保持（见图2-17）。

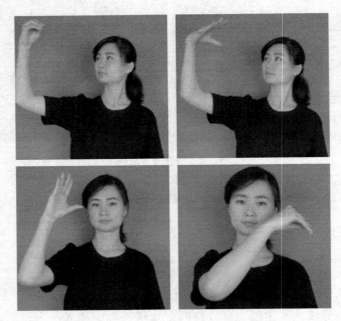

图2-17　保持－运动－运动－运动－保持实例"光芒暗下来"

完整过程看起来如下：

表2-10　保持－运动－运动－运动－保持实例"光芒暗下来"

基本手势	光芒			暗下来		
	H	M	H	H	M	H
移动增音	H	M	H	M	H	M	H
保持缺失	H	M			M		M	H

这是中国手语中常见的一个音位过程，我们在讨论手势合成时将会进行详细论述。

2.6.3 音位转换

有时，一个手势的音段部分可以改变其位置，这种改变的过程称之为音位转换。要解释音位转换，请看"健听人"手势的基本结构：

表 2-11 "健听人"手势的基本结构

	M	H	M	H
手形	A 手形	A 手形	A 手形	A 手形
位置	脸颊	脸颊	下巴	下巴
方向	掌心向外	掌心向外	掌心向外	掌心向外

但是，第一个和最后一个音段的位置特征可以调换（见图 2-18）。
在此情况下，手势"健听人"看起来如下：

表 2-12 "健听人"的打法

	M	H	M	H
手形	A 手形	A 手形	A 手形	A 手形
位置	下巴	下巴	脸颊	脸颊
方向	掌心向外	掌心向外	掌心向外	掌心向外

很多手势允许音段改变位置，包括下列手势：聋人、翻译、间谍、闭嘴、胡子、眼睛、怀孕、皮带、组织以及年。其他手势则不允许这种情况的发生，比如手势北京、馋、口罩、忘记、汗水、开始、安静以及血液。在第六章的第1节中我们会讨论其变体，还会讨论究竟是什么促使像"健听人"这样的手势表示其变体的。

2.6.4 同化

同化指一个音段具有其邻近另一个音段的特征，通常同化发生在另一个音段

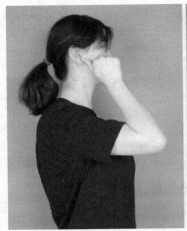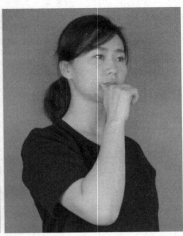

"健听人"打法一

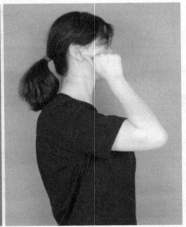

"健听人"打法二

图 2-18 "健听人"的手势打法

前面或后面。从手势"我"的手形就可以看出同化的特征。手势"我"的基本手形是一个数字 1 手形，但是当手势依次发生时，其手形为了与序列中其他手势的手形匹配，通常会有变化。当手势者生成手势序列"我帮助你"时，由于"帮助"手形的原因，手势"我"的手形通常会从 1 变化成 5 手形（见图 2-19）。同样当手势者生成手势序列"我打你"时，手势"我"的 1 手形会常常变成"打"的 D 手形。我们会在第三章讲述手势合成时详细讨论同化现象。

我　　　　　　　　　"我帮助你"的"我"　　　　　　　"我打你"的"我"

图 2-19　同化的例子

2.7　小结

在此，对本章中对中国手语音系学涉及的内容做个小结：

1. 手语和口语符号一样，手势也是由内部成分组成的。

2. 语言最小比对单元的研究就是音位学。

3. 在美国手语语言学家 Stokoe 提出斯多基系统之前，手语被认为是不可分析的整体。

4. Stokoe 认为手势由三个同时发生的参数构成，分别是位置，手形和运动，它们具有同时性比对特征，但没有序列性比对特征。

5. Liddell System 认为，手语由运动和保持依次构成，手形、位置、方向和非手动标志包含在一系列发音特征中。序列比对是可以描述的。

6. 保持 - 运动模型考虑到了手语中对手势结构和手势过程进行描述所需的细节层次。

7. 保持 - 运动模型表明，手势的基本结构与口语基本结构类似。Stokoe 认为，手语结构从本质上讲，与口语结构是不一样的。他支持这一理论，认为其构成参数是可以同时发生的。

8. 手语的音位学过程可以影响手势构成部分的生成，或者说影响其构成部分的生成顺序。

现在，我们再总结一下手语结构的几个观点：

1. Stokoe 之前，手语被认为是不可分析的整体。Stokoe 于 1960 年和 1965 年分别描述并分析了手语。从他的研究我们知道，手语由几个成分构成，手语含有三个构成参数，分别是手形、运动和位置（方向是在后来加入的）。根据斯多基的观点，手语词素与口语的词素和单词是不同的，因为他们看起来是同时进行的，其实是按照一定顺序依次产生的。

Liddell 等人也同意斯多基的观点，他们认为，手语由成分构成，但是在构成部分的参数数量上与斯多基不一致。里德尔等人发现，手语由五个部分构成，分别是手形、运动、位置、方向和非手动标志。

2. 很多手势可以分解成运动和保持单元，同时 Liddell 等人还发现，手语音位学与口语音位学有可比性。无论是口语还是手语都可以把构成单词或手语的单位分成两种主要类型：分别是

A. 口语中的元音和辅音

B. 手语中的保持和运动

习题

1. 针对以下列出的手势，请找出具有相同手形、运动和位置参数的手势。

		相同手形	相同运动	相同位置
例子：	责任	再见	记住	管理
1	享受			
2	自行车			
3	丑陋的			
4	猴子			
5	讨论			
6	买卖			
7	力量			
8	花朵			
9	篮球			
10	树			

2. 下列一对手势之间的差异是什么？

a. 尝试 / 彩色

b. 牛 / 羊

c. 清 / 等

d. 安静 / 重

3. 列举 7 个带有非手动特征的手势。

4. 观看故事视频，请对故事前三十秒内容进行注释。句子转写例子如下。对于注释所需时间要做好记录。

例：$\overline{\underset{\text{我　故事　不　忘}}{\text{　　　　t　　　　}}}$

5. 假如你是第一个描述中国手语的语言学家，你需要描述下列手势的手形，请选出每个手形的名称。

例：鞋子　　数字 5 手形

（1）尊重

（2）扫地

（3）杯子

（4）主持人

（5）孔雀

（6）方法

（7）国家

（8）木

（9）望远镜

（10）书法

（11）澳大利亚

（12）擦

（13）马

（14）发誓

（15）云

（16）紫色

（17）面条

（18）流汗

（19）记住

（20）上课

（21）可能

（22）希望

6. 请指出下列手势的位置名称。

例：知道　　头额太阳穴

（1）舒服

（2）面部

（3）亲戚

（4）不

（5）昨天

（6）感觉

（7）医院

（8）群众

（9）责任

（10）红色

（11）女孩

（12）眼镜

（13）跳舞

（14）皮带

（15）打针

7. 请指出下列手势的运动名称。

例：帮助　　从里向外

（1）压制

（2）咖啡

（3）分开

（4）忙

（5）交换

（6）死亡

（7）钥匙

（8）有吸引力的

（9）煮

（10）联系

（11）电梯

（12）飞机

8. 请指出以下手势的手形、位置、运动名称。

（1）孩子

（2）培训

（3）男人

（4）玩乐

（5）理解

（6）给

9. 用斯多基系统的书写符号来转写以下手势。

（1）享受

（2）星期天

（3）倒闭

（4）知道

（5）忙

（6）开始

（7）过去

（8）领导

10. 辨别以下手语的音段。

例：睁眼　　HMH

（1）错误的

（2）坐

（3）帮助

（4）到达

（5）总

（6）椅子

（7）倒闭

（8）说话

（9）兴趣

（10）弱小的

（11）教育

（12）走

（13）练习

（14）评比

（15）头晕

11. 采用运动 – 保持模型和斯多基系统转写以下八个手势，并进行比较。如有可能，可以直接参考《美国手语词典》中斯多基的转写方法

（1）理解

（2）红色的

（3）听人

（4）站

（5）床

（6）杯子

（7）茶叶

（8）空调

课外阅读材料

"Signs Have Parts：A Simple Idea，" by Robbin Battison（1980）；pp. 231–242

"Introduction，" from *A Dictionary of American Sign Language*，by William C. Stokoe（1965；1976）；pp. 243–258

Files 20 and 30 from Language Files：*Materials for an Introduction to Language*，by M. Crabtree and J. Powers（1991）；pp. 259–266

Liddell，S. K.，and Johnson，R. E.（1989），American Sign Language：The phonological base. *Sign Language Studies* 64：195–277.

Brentari，Diane. 1998. *A Prosodic Model of Sign Language Phonology*，Cambridge：MIT Press.

Sandler，Wendy，and Diane Lillo–Martin，2006，*Sign Language and Linguistic Universals*. New York：Cambridge University Press.

Uyechi，Linda. 1995. *The Geometry of Visual Phonology*. Dissertation.

蔡素娟、麦杰、戴浩一,《台湾手语·考语法，第一册：台湾手语的音韵与构词》国立中正大学语言学研究所。

台湾的手语研究一直走在大陆的前面，以中正大学为代表的手语研究团队已出了不少成果，其《台湾手语参考语法》即为代表作。

衣玉敏（2008），上海手语的语音调查报告，复旦大学博士论文

国内第一个开展对上海手语的语音深入研究，这是国内对自然手语纯语言学研究的最新成果。有助于形成对中国手语音系学的初步了解。

杨峰，张吉生（2011），"上海手语的音节结构"，《中国特殊教育》，32-37.

国内对手语音系学研究较为深入的专家，他认为手势的运动和位置是上海手语中的两种基本音段，运动是音节的音核，位置在其前后不与运动相邻的情况下也可以成为音核。音核是手语中承载手形变化、方向变化和次要运动的基本形式，其观点较为新颖。

第三章　形态学

3.1　音系学与形态学的区别

第二章已讲，音系学是研究语言最小对比单位的科学。在中国手语中，手势由保持部分和运动部分构成。保持部分有手形、位置、方向和非手动特征，同样运动部分也具有这些特征。

通过比较手势"著名、喝酒、爸爸"与"三月、九周、八年"后我们发现，"著名、喝酒、爸爸"的手形并没有独立的含义。这三个手势与其他手势一样，手形、位置、方向和非手动信息共同形成一个完整的含义。虽然像手形这样的独立成分可以看见，但是这些成分并没有独立的含义。不过在手势"三月、九周、八年"中，情况却不一样。在这三个手势中，手形却具有独立的含义——它表明了具体的数量。只要改变手势"九年"的手形，马上就会改变所要表达的年的数量的含义。对于手势"三月"和"三周"而言，手形的变化也就意味着改变月份和星期数量的含义。

在研究音系学时，我们研究了语言的构成部分，知道这些成分是没有特定意义的。因此在研究音系学和审视手势"三月"时，我们针对的是手势的手形、位置、方向、运动和非手动特征，而手形具有的特定数量意义就是形态学的研究范畴。

3.1.1　形态学

形态学是研究语言最小语义单位以及这些语义单位是如何构成新单词或手势的科学。换句话说，形态学研究的是单词信息，以及语言的较小单位如何构成较大的单位。

语言中最小语义单位就是词素（morpheme），有些词素本身可以作为独立单元出现，我们称之为自由词素，比如汉字"猫"和"坐"就是自由词素。在中国手语中，手势"猫"和"坐"也是自由词素。有些词素不能作为自由词素单独出现，而必须与其他词素一起才能出现，我们称之为粘着词素。汉语中的"历、语、视"就是粘着词素的例子，它只能作为构词成分与其他语素组合成词。同样在中国手语中手势"三月"中的月和"三套"中的"套"也是粘着词素的例子。正如我们所看到的，一个词素常常是可识别的，而且一个词素可能也是过程词素。

构成新单词和手势的方法有多种，采用已经存在的单词或手势构词模式就可以创造出全新的单词或手势形式。也可以通过把两个已存在的形式合并在一起构成合成词或合成手势。一种语言可以从其他语言借用单词或手势，中国手语也可以在汉语书写系统基础上创造一个新手势。我们将讲解这些中国手语的构词过程。

3.2 从动词派生出名词

我们在第一节提到，形态学是研究词汇或手势信息以及语言如何通过语义单位来构成新词或新手势的。形态过程的一个例子就是语言通过动词来派生出名词。也就是说，语言中已经存在的动词可以用来派生名词。英语中存在大量动词，通过这些动词可以派生出名词。在这种情况下，动词和名词的区别可以从不同音节的重音来体现。（见表3-1）。汉语的动词也可以派生出名词，只不过在汉语里这些词汇叫兼类词，汉语的词汇活用情况比英语复杂，需要依靠句法功能和语义来区分。

表 3-1 不同音节的重音表示名词或动词

动词	名词
convíct	cónvict
segmént	ségment
subjéct	súbject
presént	présent

注：重读音节通过元音音素上的斜杠表示出来

1. 动词的重音经常落在第二个音节上面（有些动词的重音落在任何一个音节均可，比如 import 或 contrast），名词的重音趋向于落在第一个音节上。重音意味着一个单词的特殊读音，通常是元音，这个音发音更突出，换句话说，发音更重。

2. 由于名词和动词重音的不同，两个单词的元音发音也就有所区别。举例说，在动词 convért 和名词 cònvert 中，前一个单词第一个音节的元音与第二个单词的元音发音是不一样的。

上述英语构词模式是名词和动词关系中常规构词模式之一。英语中还会出现另外一种情况，即当后缀 –er 附加在动词后面时，就把动词转换成了名词。把后缀 –er 加到动词 write，dance，walk 和 think 后面就会得到相应的名词形式 writer，dancer，walker 和 thinker。同样，在名词和动词关系中还存在一种常规构词模式，这些模式验证了我们更早些时候提出的观点，即形态学是关于新的构词单位的学科。构成新语义单元的方法是，采取一种业已存在的构词形式并通过某种方法进行变化。

英语形态学的这两种例子说明，动词和名词的区别在于词素，一个被称之为形式（form）词素，另一种被称之为过程（process）词素。在把词缀 –er 添加到动词后形成名词（walk/walker）的过程中，–er 就是一种由两个音素构成的形式词素。这是把一种形式添加到其他形式来形成新的单词。因为这种词素本身不能单独出现，因此这种词素叫粘着词素。但是对于动词 subjéct 和名词 súbject，我们无法辨别是哪个特定形式附加到动词中形成名词的。换句话说，我们是看不到词素的。我们可以看到的是动词的重音与名词的重音始终是不同的。动词的重音通常在第二个音节上面，而名词的重音则在第一个音节上面（比如 contést 与 cóntest，progréss 与 prógress）。重音向第一个音节转移的过程导致了与动词有关的新名词的产生。因此把音素作为过程词素。弄清楚这两个词素的概念对于理解中国手语的形态学是非常重要的。

受中国社会大环境的影响，聋人在打手势过程中也出现了词汇兼类现象，经常把动词当名词用，但是这种词性转换显然也无法用以上两种词素来说明，因为他们打名词 / 动词时并没有添加明显的形态标记，也就是说无法从形式上看出这个手势是动词还是名词，比如动词"打开课本"和名词"课本"，动词"戴助听器"和名词"助听器"，动词"梳头"和名词"梳子"，动词"扫地"和名词"扫把"，动词"熨衣服"和名词"熨斗"，动词"滑冰"和名词"滑冰鞋"，动词"轮滑"和名词"轮滑鞋"，这些手势对的打法全都一样，无法区分词性。因此与汉语实词缺少形态变化一样，同一个手势的句法功能往往有比较大的灵活性，因而跨类的现象比较多，这是中国手语词类系统的一个特点。

但也有少量手势仍使用了过程词素，即只改变运动、方向、手形、位置、非手动特征这五个参数之一，此时手势动词就变成了名词。比如动词"喝酒"和名词"酒"这两个手势的区别就在于前者多了一个仰头的头部动作，即只改变了非手动特征；动词"开炮"和名词"炮"，这两者的区别在于前者最后一个位置在腰部，而后者最后一个位置在胸部，即只改变了位置参数，与此类似的还有动词"飞行"和名词"飞机"；动词"操作"和名词"机器"，这两个差异在于只改变了手形参数。目前没有发现手掌方向、运动、手形这些参数变化的例子，若读者手上有案例，欢迎读者提供给本书作者。由此可以看出中国手语里动词活用情况较为灵活，改变除手掌方向、运动、手形以外的两个参数之一就完成了从动词派生为名词。

还有些手势改变了两个以上的参数，比如动词"吸烟"和名词"烟"，这两者的差异就改变了两个参数，分别是运动和位置，类似的还有动词"流水"和名词"水"；也有改变其他两个参数的动词和名词配对，如动词"哭"和名词"眼泪"就改变了手形和手掌方向这两个参数；动词"开门"和名词"门"的差异在于改变了运动、位置和手掌方向等三个参数。

需要注意的是，只通过改变几个音韵参数就把动词转化为名词的情况在中国手语里只占少数，大部分都是直接把动词手势当名词手势用，没有形态上的标志，没法区分。这种情况与国外手语相反，国外手语将动词派生为名词有明显的形态标志。根据 Ted Supalla 和 Elissa Newport 关于名词和动词成对的说法，美国手语也存在着很多组意义相近的名词和动词形式，但它们的区别仅仅在于手势的运动参数不同。比如，在"飞机"和"飞行"这组手势中，这两个手势的手形、位置和方向完全一样，而运动却不相同。正是这种运动导致了这两个手势意义上的区别。同样对于手势"船"和"航行"而言，手形、方向和位置相同，而运动也不一样。由此看出与中国手语可以改变几个参数不同，美国手语的动词派生名词情况更加简单，更好辨认。

动词"喝酒"　　　　名词"酒"　　　　动词"飞行"　　　　名词"飞机"

图 3-1　只有一个参数不同的成对名词和动词

此外，中国手语中也可能存在词缀现象，比如手语教师、研究员和书法家中的"施事"后缀就是如此。通过添加粘着词素到其他形式来创建新的单元就是词缀法。在英语中，复数形式 –s，第三人称单数形式 –s 和 –er 形式都是英语中的后缀。英语还存在着前缀现象，比如单词 untie 中的 un–，reschedule 中的 re– 都是前缀，但是这些英语单词的真正起源还不清楚。从这点来看，当中国手语和英语从已存在的单元中形成新的单元时，它们似乎是以不同的方式来进行的。英语和很多其他口语都频繁地使用词缀法。中国手语里的少数手势趋向于在保持某种形式的构成部分（比如手形，位置和方向）时，重复或改变初始形式的音节结构（比如运动）。在本节后面部分我们也会看到这样的例子。

3.3 合成手势

在 3.2 节中，我们知道中国手语产生新手势形式的方法是把动词转换成名词。本节我们将看到中国手语创建新手势的另外一种形式。有时一个语言可以通过把两个已存在的单词（自由词素）合在一起来创建新的单词。这个过程就是单词的合成。无论汉语还是中国手语都存在合成现象，我们首先从有声语言词汇的合成谈起。

汉语中，"笔记"和"本子"合并成"笔记本"、"老的"和"油条"合并成"老油条"，还有"计算机、粉笔、人行道、火车、图书馆、电梯、办公桌"等也都是汉语合成词的例子。在英语中，green 和 house 合并在一起构成一个新单词 greenhouse，同样 black 和 board 合在一起构成 blackboard，还有 hayrack，railroad，bookcase，blackberry，showroom 和 homework 等都是英语合成词的例子。

我们在 3.2 节讨论了中国手语中通过改变几个音韵参数后从动词派生名词，这种现象与英语类似，我们可把这种派生模式称之为常规模式，这种模式还可以描述成合成的形式。汉语中当两个词汇合并在一起构成合成词时，其引申意义通常与这两个词汇有关。

1. 英语合成词的重音通常在合成词的第一个单词上面，第二个单词上的重音通常都弱化或消失。当单词 green 和 house 合在一起形成新单词 greenhouse 时，重音就落在 green 上面了。汉语合成词也有重音，基本上在中间或最后一个字，但汉语重音与英语不同，主要体现在音高和音长上。

2. 两个词汇合在一起构成一个合成词时，就产生了一个新的含义。比如英语单词 greenhouse 并不意味着房子是绿色的，而是代表一个特定含义，即代表一个植物生长的地方；黑板也不意味着板子是黑色的，而是一个用于教学目的的写字板子，板子可能是黑色的，也可能是绿色或棕色的；火车并不意味着车是起火的，而是代表车的动力来源，火车的动力来源还可以包括电力、柴油等；同样电梯也不意味着这个梯子是带电的，也不意味着这个电梯就是楼梯或梯子，而是代表一种以电动机为动力的装有箱状吊舱的垂直升降机，当然电梯还包括台阶式扶梯或自动人行扶梯。

其中中国手语也存在很多类似于有声语言合成词的合成手势，见表 3-2。

表 3-2　中国手语存在很多类似于有声语言合成词的合成手势

合成词	中国手语
耶稣⌒书	圣经
父亲⌒母亲	双亲
动作⌒安静	动静（指动作或说话发出的声音）
相反⌒正面	反正（指表示情况不同而结果并无区别）

注意：两个单词之间用弧形符号连接表示这个手语是合成手势。

读者请注意，两个手势放在一起形成新的合成手势时，就可能出现与这两个手势有关的新手势，这点和汉语的合成词所传递的信息一样。中国手语也存在两个合成词构成规则，就是形态学规则和音系学规则。

形态学规则尤其适用于构成新的语义单元，即合成手势。合成手势的构成从形态学来看有三个规则：（1）第一接触规则；（2）单一序列规则；（3）辅手预期（weak hand anticipation）规则。

1. 第一接触规则：很多时候一个手势的保持音节包括与身体或其他手部的接触（我们标记为 +C，C 是接触 contact 的简写）。在合并成手势的过程中，第一个或唯一接触保持将被保留，这意味着如果两个手势合在一起构成合成手势，则合成后的手势将保留第一个手势的第一个接触保持，而第一个手势的运动音节可能会忽略。如果第一个手势不包含一个接触保持，第二个手势包含，那么这个接触保持将得以保留。注意，当保持音节在合成词中出现的时候，实际接触可能不会出现，这点要特别注意！比如手势"欢迎"的结构如下：

欢迎

M　　　H　　　M　　　M　　　H（＋）

　　　+contact　　　　　　　　+contact

手势"你"的结构如下所示

M　　　H

手势欢迎里 H 后面的符号（＋）表示 MMH 序列是重复的。当手势"欢迎""你"放在一起构成合成词"欢迎你"的时候，手势"欢迎"的第一个接触保持就保留下来，而第一个接触保持前面的运动被省略了，手势"你"的一个运动－保持序列也保留下来了。这种合成的转换可以表示如下：

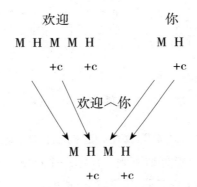

我们再来看更复杂的合成手势例子——查账，它是由"检查、算账、本子"三个手势合并组成的合成词，这三个手势只有"算账"和"本子"包含一个接触保持，其结构如下：

算账　　　　　　　　　本子

M　M　M　H　　　　　H　M　H

　　　+c　　　　　　　　+c

手势"检查"没有接触保持，当与其他手势合成时，"算账"的接触保持保留下来了，而第二个接触保持却消失了。"查账"的音节就源自这些变化。这种合成的转换可表示如下：

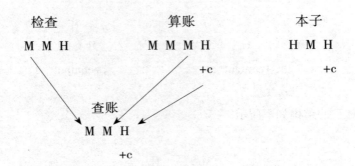

这种合成手势还有一个特殊的情况，我们看看手势"一起走"的例子：

手势"一起"的结构如下所示：

一起
M H
+c

手势"走"的结构如下所示：

走
M H

当手势"一起"和手势"走"放在一起构成合成词"一起走"的时候，手势"一起"的第一个接触保持就保留下来，而第一个接触保持前面的运动被省略了，手势"走"的音节结构也保留下来了。这种合成的转换可以表示如下：

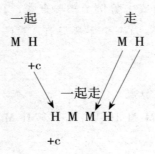

在合成"一起走"的例子当中，在手势"一起"的最后一个 H 后面加了一个 M，这叫增音（epenthetic）M，下面接着会讨论这个问题。

2. 单一序列规则：指当中国手语的合成词形成时，其运动重复就消失了。在手势"欢迎"中我们发现 MH 序列是重复的。其他重复的手势还有"算账"。具有内部运动的手势除外，这点与美国手语不同，美国手语里中形成合成手势时，其内部运动也消失，如手势"爸爸"和"妈妈"带有内部运动，即手指摆动，但合成手势"父母"里内部运动就消失了。而中国手语里，具有内部运动的手势在合并成合成手势时，合成手势的内部运动仍未消失，还在内部运动，只是运动重复次数稍微减少。像中国手语里带有内部运动的手势"尝试"、"假"、"随便"等与其他手势组合时，其合成手势"试纸"、"假货"、"随你"仍带有内部运动。

下列合成手势就不存在运动重复现象，可见图 3-2：

算账＾本子　账本

研究＋学生　研究生

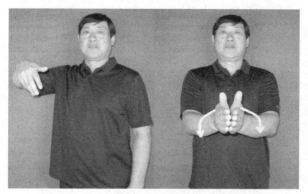

账本

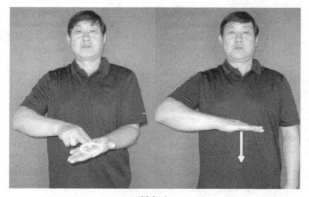

研究生

图 3-2　单一序列规则的例子

3. 辅手预期规则：当两个手势合并构成一个合成手势时，经常发生的情况是，手势者的辅手就预期着合成词中的第二个手势。比如在合成词医院（医护＋房子）中，你可以看到辅手用手势"房子"的数字 5 手形出现在手势者的前面空间，同时主手则在生成手势"医护"。我们还可以在合成词亲爱（亲切＋爱）中看到辅手以手势"爱"的字母 A 手形出现，而主手则在生成手势"亲切"，同样的还有合成词"口井"，可见图 3-3。

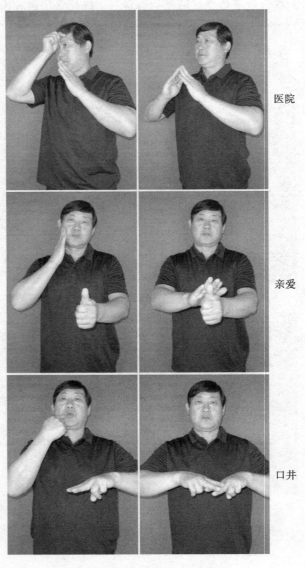

医院

亲爱

口井

图 3-3　辅手预期规则的例子

1. 现在我们再来看看手势合成的音系学规则，无论什么时候，只要手势以序列形式生成，而且不表示任何意义上的变化，都适用音系学规则。我们至少可以看到与合成有关的三种不同音系学规则，分别是：（1）运动增音；（2）保持缺失；（3）同化。运动增音：我们在音系学过程单元中讲过运动增音，它涉及在一个手势的最后一个音节和下一个手势的第一个音节中间添加一个运动音节。例如，在合成手势"男装、梳洗"中，我们就可以看到运动增音的现象，这时运动音节被添加到手势"男人"的最后保持部分和手势"衣服"的第一个运动部分之间。我们应该注意，在合成词的最终手势生成中，运动增音可能同化成下一个运动部分。例如在手势"梳洗"中，运动增音现象发生在第一个手势"梳头"的最后一个保持部分和第二个手势"清洗"的第一个运动部分之间，结果是生成了结构 HMMH。但是，实际的合成词结构是 HMH。

2. 保持缺失：当两个手势放在一起构成合成手势时，就可以适用第二个音系学规则，这时这些运动之间的非接触保持都省略了，这就是保持缺失的例子。比如手势"看"的结构是 MH，手势 strong 的结构是 HMH。这两个手势没有哪个保持部分与身体或其他手部保持接触。当这两个手势组合构成合成词时（见图 3-4）。它们看起来就是如下结构：

改正　　　　　　进步
H M H　　　　　H M H

一个增音 M 出现在两个手势之间。运动间的保持省略了，其结果是导致以下结构：

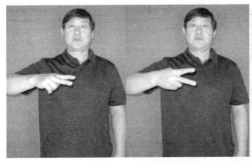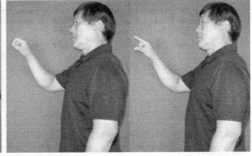

改进

图 3-4　合成手势"改进"

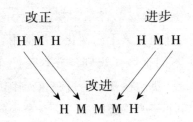

改正　　　　进步
H M H　　　　H M H

改进
H M M M H

3. 犹如我们在音系学处理单元中所讲述的一样，同化意味着一个音节具有另外一个临近音节的特征，通常在其前面或后面。同化经常出现在中国手语的合成手势中。在合成词"欢迎你"中，手语"你"的手形更像是"欢迎"的手形。在合成手势"改进"中，手势"进步"的位置可能离"改正"的位置更近。

合成词形成的结果是产生一个新的含义。仅仅通过构成合成手势的两个手势来预测新手势的含义是不可能的。比如手势"绿色"和"房子"形成了一个合成手势"温室"，但是陌生的手势者是无法猜出这个合成手势的含义的，而且很多以母语为手语的手势者了解这个合成手势的来源后也会觉得奇怪。同样手势"黑色"和"板子"构成了一个新的合成手势"黑板"，但是从这两个手语的合成情况来看，这个合成手势的含义并不明显。类似情况在汉语当中也有，仅仅了解了单词绿色和房屋，再理解新的合成词绿室是不足以推断这个合成词的含义的。

总而言之，我们可以看到，和汉语一样，中国手语的合成形式是受一定规则控制的。中国手语构成新手势的方法是通过把已存在的手势放在一起构成新的合成手势，而且当两个手势合并构成合成手势时，其发生的变化是可预测、可描述的。

3.4　词汇化手指拼写与借代手势

3.4.1　手指拼写

中国手语还有第三种方法来创造新手势，即用中国手语的手势来表达书面语言符号。这个过程通常指的是手指拼写（见表3-3）。我们把这些手势叫作手指拼写。在本节讨论中，注释前面的符号 # 表明这个手势是用手指拼写的。

表 3-3　中国手语里的手指拼写

#OK	#KFC	#MBA	#SARS	#H5N6	#HIV
#UFO	#OFFICE	#CBA	#WPS	#CCTV	#BTV
#ATM	#NIKE	#HP	#PPT	#QQ	#MSN
#WIFI	#VC	#PC	#SOHU	#DVD	#VCD

由表 3-3 可以看出，在中国手语里，这样的手指拼写非常多，显然中国手语里的这种手指拼写是中国聋人与英语语言接触的结果，也是中国这几十年实施改革开放以来的成果体现之一。一般来说，这种手指拼写方法在 80 年代至 80 年代后期的聋人中间才开始逐步出现，直至今天这些手指拼写大部分已成为中国手语内在的一部分。英语书面单词用中国手语的手势表达出来时经常会发生变化，比如 OK，导致这种手势与一个个按字母完全打出的手势不同。要注意，我们传统意义上说的手指拼写的"字母"就是中国手语手势，每个手势都有自己的音节结构，还有手形、位置和方向。比如手势 C 的手形看起来就像书面英语符号 C，但是手势是手势，而不是字母。

从形态学角度来看，这些手势是自由词素。手势者可以清晰地生成手指拼写里的每一个词素，我们称之为完全手指拼写。这个过程可以通过加上短横线"–"来表示，比如 N–B–A（见图 3-5）。但是在实际生成手势时，如果手指拼写的词素是按顺序生成的，那么会经常发生变化。这种手指拼写里的大量独立词素可以像单个词素一样，打出手势时就像是一个单独手势。这就是我们所说的词汇化手指

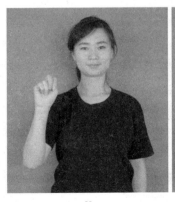  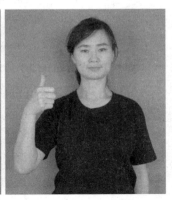

N　　　　　　　　　　B　　　　　　　　　　A

图 3-5　NBA 的不同手语拼写版本

拼写，用符号 # 来标识，见表 3-4。下一节将会描述手指拼写的八种变化，它们是词汇化手指拼写过程的一部分，由 Battison 于 1978 年首先提出的。

3.4.1.1 手势里的一些手指拼写可省略

虽然在中国手语中有按顺序用一种或两种手形来表示的打法，但是没有用超过两个手形来表达一个手势的。比如 #YAOMING 的手指拼写里，只有 Y 和 M，没有 AO 和 ING。不过，很多手指拼写的手势以四种以上的手形开始（比如 #NIKE、#CCTV、#SARS、#OFFICE）。这种手指拼写的手势看起来似乎已经过简化才能够满足中国手语的结构规则，其中一个规则就是"一个手势不应该超过两个手形"。这个规则说明有些手指拼写的手势（比如 #NBA）里面的一些手指拼写是可以省略的。

中国手语与其他国家手语的不同之处还在于，其他国家手语还有一个规则负责指定一个手势里多个手形的可接受顺序。比如美国手语规定有些手形只能固定紧随某些手形的后面。例如在美国手势 chicken 中，手形的顺序就是从开放 L 手形向合拢扁平的类似 O 形的手形过渡。这种顺序是自然而然的。美国手语里的词汇化手指拼写手势 #no 的顺序也是类似的，其手形顺序符合美国手语的手形顺序模式。当然也有例外，比如词汇化手指拼写手势 #job 的手形顺序不同于其他美国手语手势的手形顺序，它的手形顺序是不可接受的。中国手语不存在这种情况，显然与中国国情有很大关系，中国聋人长期处在汉语大环境里，并不需要全部打出手指字母，而是直接打出第一个字母，听众即可明白这个字母的含义，打出的词汇化手指拼写很少有超过两个手形的，自然就不需要规定手形出现的顺序。

3.4.1.2 手形可变

在拼写手势 #OK 时，O 手形包括弯曲的手指，大拇指与食指接触，过渡到 K 手形时，字母 K 手势也包括弯曲的手指，但除了大拇指和食指，其他手指全部伸出，而不是常见的 K 手形。拼写手势麦当劳 #M 里的手势 M 其手形变成了数字 1 手形。

3.4.1.3 可添加运动

根据保持 – 运动模型，拼写手势开始是独立的手势，这些手势只是表征某些英语拼写符号的符号。每个手势基本上是一个保持音节，包括手形、位置和方向，这些保持是按顺序生成的。当一系列保持依次生成时，这些保持之间过渡会自然而然加上一些运动。这就是运动增音过程的一个例子。

表 3-4 手语拼写单词 #NBA 的基本结构

	H	H	H
手形	N	B	A
位置	胸部	胸部	胸部
方向	掌心向外	掌心向外	掌心向外

但是手势者依次生成保持时，运动会自然而然添加到保持之间。拼写手势的最后结构就可能描述成 HMHMH。

运动的添加可能伴随着位置的变化。比如在拼写手势 #yes 中，运动就包括手腕短时小幅度放低，然后是 S 手势的回拉。手指拼写手势 #WIFI 就是从 W 手形的初始位置肩膀一侧过渡到 F 手形的胸部位置。但不是所有的手指拼写手势都有位置变化。

3.4.1.4 方向可变

在手指拼写的英语单词里，除了手形有变化，手掌方向可能发生变化。比如，在 #WIFI 的手指拼写过程中，W 手势过渡到 F 手势时，最后方向与其方向是相反的。在 #PPT 中，手形 P 的手掌方向先是向内，然后向前。

3.4.1.5 运动重复

如果要手指拼写书面单词 #M，那么会出现手势 M。但是也存在手指拼写手势 #M 的另一种打法，即小指、无名指和中指反复来回运动。我们把运动的重复称之为复制。其他类似的例子还包括手势 #QQ，但运动重复不是手指拼写手势的必要条件。

3.4.1.6 可以双手完成

有时为了加重语气，或者强调态度的时候，可以双手完成手指拼写手势，比如 #LOVEYOU，#Victory，#OK 等。其他情况下是由于左手与右手所表示的意义不一样，我们将在后面讨论这一话题。

3.4.1.7 可包括语法信息

手指拼写时，手部位置可表示人或部位的关系。这种位置承载了手势的意义，即语法信息。手指拼写手势 #ILOVEYOU，这个手势可以用远离手势者的动作表示出来，意思是"我爱你们"。此外也可以用手掌面向手势者表达出"你爱我吗。"这里位置和方向提供了语法信息，表明谁是主语，谁是动作的发出者。我们在动词一致性方面会详细讨论这个问题。

中国手语的手指拼写与国外手语相比，还有一点差异，即国外手语在打出手指拼写手势时，可通过位置变化来增加含义。比如 Battison 说，手指拼写的习惯区域在手势者主手所在肩膀的前下方，一般首次打出姓名或英语单词都是位于这一区域。不过手指拼写并不局限于这一区域，其位置也可能变化。比如如果某人对美食极为迷恋，人们谈论这个人，可能以嘲弄的口气在额头打出 #food 手势。另外，国外手语还可以看到很多拼写手势位置的例子，这些例子包括与主语或动词所指事物有关的语法信息。

3.4.2 词汇化手指拼写

还有一种情况，当用手指拼写的手势生成拼写手势时，手指拼写的独立手势趋向于融合使用，这时更像一个独立手势。在语言学上，词汇化意味着"像一个单词或与类似单词"，类似于一个独立的单元。汉语中词汇化的例子就包括了合成词（比如温室、书柜、办公室等），这些词都是把两个独立词汇合并成一个新词，并赋予其独立的意义。首字母缩略词（CT 和 PM2.5）也是词汇化的例子。在这些例子当中，通过把每个单词的首字母放在一起形成一个新的汉语词汇。

词汇化手指拼写描述的是手指拼写过程，原因是独立手势的确看起来像是一个词汇，可以当作中国手语的手势使用，也遵循中国手语的使用规则。一般来讲，手势使用的手形不超过两个，这意味着，一个拼写手势（比如 #QQ 或 #VB）可以保留两个手势，并且仍然遵循中国手语的规则。不过包括 #ATM 或 #WORD 在内的这些手指拼写手势都是由 3-20 个手势构成的，结果并非所有手势都立马消失，而是经过简化的过程再使用，在向中国手语的其他手势转化的过程中，这些手势的手指拼写数量呈减少的趋势。

在完全正式的手指拼写和词汇化手指拼写之间存在一定差异，但是词汇化过程开始的很快。现在假设当你第一次介绍朋友时，是如何用手指拼写他们姓名的，然后在对话中你是否反复使用这个手势，这时就可以发现手指拼写是如何变化的。你观察到的这些变化就是词汇化的例子。我们早期讲述的八种变化也是词汇化过程的一部分。

词汇化是一个渐进的过程，而且有些手指拼写手势比其他手势看起来更像是词汇化的结果。比如手指拼写手势 #OK 和 #ILOVEYOU 会有很多变化，看起来就像是中国手语的手势，而 #New York 和 #DA（Dior）却是不完全词汇化的手势，同样手势 #BJ 是表意的手势（例如北京是首都比较容易理解）。但有些手势，如 #IKEA 由于它的序列有四种手形，中国的自然手语中找不到这样的例子，所以它不像是词汇化的结果。

我们可以最终得出手指拼写手势的三个结果：

1. 中国手语既有手指拼写手势，也有表达同样概念的手势。比如迪奥和 #Dior，吉普和 #JEEP，古驰和 #GUCCI。

2. 人们经常把手指拼写手势和其他手势合并起来使用（比如 #B 超、维 #C），或者选择句子中很容易用手指拼写表达的一部分。

3. 通常情况下会使用单手来进行手指拼写，也可能双手加上手指拼写进行表达，既可以同时使用也可以交替使用。所以我们认为，这是个非常有趣的领域，其研究才刚刚开始。

语言学家调查了英国和澳大利亚手势者使用的双手手指拼写，也研究了聋人使用的书写系统表征，这些聋人接触过书面汉语、书面阿拉伯语、书面犹太语和书面俄语，所有这些语言的书写符号系统不同于书面英语。结果发现，与这些书面语言有语言接触的聋人有一套表征这些书写系统的方法，这种方法与美国聋人用手势表征字母一样。比如 Jean Ann 发现使用台湾手语的聋人能够用手势表达书面汉语的汉字。在某种程度上，这些汉字手势与美国手语的手指拼写一样，其手势结构与一般台湾手语的手势是有区别的。

3.4.3　借用手语

当两种有声语言相互接触时，可能它们之间相互借用单词的现象时有发生。英语从意大利语（pizza、spaghetti 和 ravioli）、阿拉伯语（algebra 和 coffee）、法语（quiche 和 bouquet）、美洲印第安语（tobacco 和 squash），以及其他语言中借用了单词。汉语从意大利语（pizza 披萨）、阿拉伯语（coffee 咖啡）、法语（Montage 蒙太奇、Champagne 香槟、Ballet 芭蕾舞）、美洲印第安语（han 女婿、丈人）和其他语言中借用了词汇。中国手语也从其他国家手语中借用了手势。最好的例子就是国家名称的手势，它已经取代了中国手势。这些国家名称包括美国、韩国、澳大利亚、印度、法国、马来西亚（见图3-6），是中国聋人与这些国家聋人接触的直接结果，此外还有鸡蛋、西餐、照相机等手势。另一个例子是代表西方文化的手势，如耶稣、基督教、神父、牧师等手势都是借用西方的手势，其他类似的还有从印度传过来的佛教手势。这是因为随着社会进步和交通发展，所以不同国家的聋人相互接触和联系逐渐多起来。由于接触和互动的增加，聋人之间也开始彼此互相借用手势了。

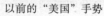

以前的"美国"手势　　　　　　　现在的"美国"手势

图 3-6　借用手语的例子

3.5　数字合并

到目前为止，我们在讨论形态学时已回顾了现有手势是如何派生新手势的。我们已经知道名词如何派生出动词，比如"喝酒"和"酒"；当两个手势组合构成合成词时所发生的变化，比如"欢迎你"或"查账"；另外也知道了英语单词如何通过中国手语手指拼写展示出来，比如 #OK 和 #QQ；也学习了中国手语是如何借用其他国家手语的，比如美国手语和韩国手语。手势的构成部分可能变化，也可能消失，这是由于形态学变化过程的结果，即过程的开始部分是自由词素。

在本单元中我们会讨论粘着词素（其意义单位不能单独出现）如何合并构成新的意义的。手势包含了运动和保持，而且手形、位置、方向和非手动标志的信息包含了大量发音特征，这些特征是运动和保持的一部分。比如手势"星期"就可以表示如下（见表3-5）：

表 3-5　手势"星期"的打法

主控手	M	H
手形	数字 7	
位置	辅手食指指尖	
方向	掌心向内	
非手动标志	无	无

在中国手语中，"两个星期（请注意非星期二）"或"三个星期"的概念可以通过改变辅手的手形来表示。从 1 到 2 到 3 改变手形，所指的星期数量也发生了改变，而位置、方向和非手动标志却保持不变。中国手语中这样的处理过程就是数字合并（见图 3-7），它由 Scott Liddell 和 Robert E Johnson 所提出。手势"两个星期"有两个语义部分（词素）。其中之一包括音节结构（指的是保持和运动）、位置、方向和非手动标志，这个语义部分表示的是"星期"（week）。另外一个语义部分是具有特定数字意义的手形。当这两个部分放在一起生成时，手势的意义就是"星期的特定数量"，见表 3-6。

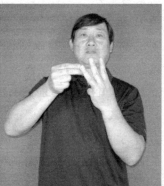

一周　　　　　　　　　两周　　　　　　　　　三周

图 3-7　中国手语中的数字合并

表 3-6 "星期的特定数量"表示法

	M	H
手形（变化）		
位置	辅手食指指尖	
方向	掌心向内	
非手动标志	无	

　　这个例子中的词素就是粘着词素，粘着词素必须和其他词素一起才能出现。比如手形本身是无法独立出现的，只有在音节结构里面，加上位置、方向、可能还有非手动标志才会出现。粘着词素与自由词素是有区别的，自由词素是可独立出现的。比如，中国手语"罪恶的"手势就是一个自由词素，其构成部分（指手形、位置和方向）并没有独立的意义，也不是词素，但是当被放在一起时结果就成了一个意义单元，也就是一个词素。我们来看看手势"罪恶的"和手势"三个星期"，在"罪恶的"中，其单独构成部分没有独立意义，也不是词素，但是整个手势是一个词素。手语"三个星期"与"罪恶的"的手形相同，但是"三个星期"手形有独立意义，就是粘着词素。换句话说，手语"三个星期"由两个词素构成。有趣的是，这两个具有相同手形的手势在语言学结构上却有着如此大的差异。

　　数字合并处理在中国手语的时间单位里比较普遍，但重量单位、长度单位很少见。通常情况下数字能达到多少数量会有限制。比如对大多数母语为手语的手势者来说，星期的手形可以从 1 变到 10，如果要表示数字 11 以及更高的数字，则需要与手势"星期"分离出来单独打出来。月份、日期、元（人民币）、角（人民币）、分（人民币）等都是如此。

　　中国手语中的数字合并现象在手势"星期、年、月、日、天、圆、角、分"等里面都可以看到。这些手势很多都有一个标志性的运动、位置和方向。比如天的数量要在手势者前额右太阳穴区域（但不接触太阳穴）打出来，辅以主手掌心向内远离手势者。重要的是，我们要了解它们的音节结构（运动和保持）和位置、方向与非手动标志是不会改变的。所有这些由一个词素构成，这个词素与主题有关。手形进行改变来表征所要表达的特定数量。

　　传统意义上讲，关于年龄的手势也被认为是数字合并的例子，尤其是年龄 1 到 9 岁的表达更是如此，表达时数字手形始于胸前，以字母 D 手形固定不动，辅以主手以数字手形来表达年龄。也有其他学者认为这些结构中的手势"岁"更像是一个前缀，不仅可表示 1 到 9 岁，还可以表示更大的岁数甚至所有年龄段，比如 18 岁，100 岁等。因此，我们看到年龄 1 到 9 的手形发生了变化，即使与"星期"和"月"的数字合成类似，但是它仍然是音韵同化的结果。

3.6 空间的作用

前一节讲述的是数字合并，我们知道了手形如何变成中国手语的词素。本节我们将介绍"位置"怎样才能构成独立的意义单位？要理解这个问题，我们先要了解中国手语里空间的作用。

在学习音系学时我们知道了位置是中国手语里手势的构成部分。位置可能是身体某一部分，比如手势"香港"的位置是鼻子，"我"是胸部，"跳舞"是腰部。位置还可以表示手势者周围的空间，比如手势"哪里"的位置是在手势者主手所在肩膀的前面空间，而"帮助或工作"的位置是在手势者躯干的前面空间。可以说中国手语所有手势都有与身体或空间有关的位置，手势者可以通过很多不同的方式来使用位置，换言之，中国手语里手势的位置具有很多不同的功能。

1999 年，Karen Emmorey 讲述了空间在美国手语里的关键作用，这里把她的观点简述一下。空间的功能可简单理解为手势的发音。而手语由运动和保持音节构成，音节包括很多发音的特征。这些特征包括手形、位置、方向和非手动标志。因此手势的位置（比如手势在哪里打出来）就是手势表达的一部分。每个手势是在特定位置打出的，位置是手语结构的一部分，但是位置本身并不具有独立意义。有时手势位置的改变也随之改变了手势的意义。这在手势"舒服、左边和腹部"中可以说明。这种状况下，空间用来表明音位对比（phonological contrasts）。

英语里的动词可以添加一个词缀进行修饰，以表达出人称或数量。手语通过部分使用空间功能也能达到这一目的。比如，我们在手势"给"中就可以看到动词形态学上的空间功能。在句子"我给你"中，手部从与第一人称（指手势者）相关的空间运动到与第二人称相关的空间。而在句子"你给我"中，手部运动方向相反。我们还可以在我们所熟知的体标记（aspectual markers）上看到空间的形态学用途，比如我们可以通过运动和空间的使用来表达某人连续不断或反复地给予。

空间还有指代功能。空间的位置可以与名词性词（nominal）有关，这个通过为名词性词生成手势，接着指向空间的一个特定点来完成。在对话过程中通过重复指向这个空间点，可以继续体现指代功能。中国手语的代词也可以具有指示功能，如果代词手势指向空间的一个特定点，我们就知道它指代与之有关的名词。

我们再看分类词谓语和位置动词中空间的位置功能，此时，它们在空间提供一个人或事物在三维空间的位置信息。比如手势者谈论汽车从一个地方移动到另一个地方时，手势将由 CH 手形来完成，而且会从一个手语空间移到另一个手语空间。

中国手语中，空间可以用来表示手势者的参照系。比如手势者在"相对"参照系下，通常是从手势者自己的角度出发来描述场景。有些手势有其本质特征（比如小汽车的分类词手形——CH 手形有辨认前部和后部的特点），我们可以了解分类词谓语是如何表述这些特征的。手势者还可以参考"绝对"参照系，这时就会使用"东""南""西""北"之类的手势。

最后讲一下，中国手语的空间与叙事角度有关。在讲故事时，如果涉及的人物不同，手势者可以从多角色中选一个，并从所选角色的角度来讲述。方法之一就是手势者通过空间的使用转换角色，手势者的身体可以从一边转向另一边，眼神、头的位置也随之转移。

中国手语中空间有很多功能。在随后的单元中我们会更加详细地解读这些功能。

3.7　分类词谓语与位置动词

我们在讨论数字合并时介绍了词素的概念，知道了手势是怎样由不同的意义单位构成的。在本节中，我们将讨论中国手语中的一类动词，即分类词谓语。我们可以看到意义单元是如何构成分类词谓语的。首先我们必须了解什么是谓语？

语言有很多方式来指代事物或事件，这些方式就是名词或名词短语。语言也还有很多方式来谈论与这些名词或名词短语有关的事情，我们把它称之为谓语。在汉语句子"这个男孩在家"中，这个男孩就是名词短语，在家说的是与男孩有关的事情。在这个句子中，在家就是关于男孩的谓语。谓语可以有不同形式，而且不受动词的限制。实际上，这句话中，谓语是动词"在"加上名词"家"。在另一句"这个男孩是快乐的"中，谓语是动词"是"加上形容词"快乐的"。我们可以看到句子表示如下：

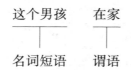

在这些语言中，谓语仅仅包含动词、名词或形容词。比如中国手语句子"男孩　吃饭"就由名词（男孩）和谓语动词（吃饭）构成。中国手语句子"男孩　武汉人"由一个名词（男孩）和一个谓语（名词武汉人）构成。而中国手语句子"男孩　快乐的"由名词加上形容词（快乐的）构成。这些句子没有使用动词"是"，而是名词"武汉人"加形容词"快乐的"构成，这些谓语不论是动词、名词或形容词都起着谓语动词的作用，它们表达的是与名词"男孩"有关的事件，换言之，在中国手语中动词、名词和形容词可以充当谓语。

3.7.1　分类词谓语

中国手语还有另外一类谓语叫作分类词谓语。那么什么叫分类词谓语？首先要了解什么是分类词？我们通过几个例子来说明。在中国手语中，如果手势者描述轿车行驶有多快，那么就要用到手势"轿车"，然后用 CH 手形，在手势者面前从右到左划过，掌心向下。同样的手形也可用来表述除了自行车以外所有四轮车的运动，诸如卡车、巴士、面包车等的运动以及方向和位置的变化。同样 CH 手形代表了普遍的意义，即四轮车类交通工具。CH 手形就是一个分类词的例子，代表的是一类物体的符号，即"四轮车类交通工具"一类的符号。中国手语中的分类词包含了位置、方向、运动和非手控信号的手形，这样就形成了谓语。汉语句子"轿车开过去了"可以用中国手语手势"轿车"的 CH-cl（CH 为轿车的分类词手形，cl 表示分类词谓语，手势打法是从右到左划过，掌心向里）打出来。谓语是四轮车交通工具－驾驶，分类词是谓语的手形。在保持－运动模型中，中国手语谓语"四轮车交通工具－驾驶"结构看起来如表3-7：

表 3-7　中国手语谓语"四轮车交通工具－驾驶"结构

	H	M	H
手形	CH		CH
位置	右边		左边

续表

	H	M	H
方向	掌心向下		掌心向下
非手动标志	无		无

注：本书中分类词手形采用的标记与保持－运动模型不一样。

关于分类手形的另一个例子是 V 手形，表示一类动物的符号。要表达中国手语句子"猫站着"，我们首先做出手势"猫"，然后是中国手语谓语"动物－站"，具体表示如表 3-8 所示：

表 3-8　分类手形的 V 手形

	M	H
手形	V 手形	V 手形
位置	靠近右臂一侧	躯干前面
方向	掌心向内	掌心向下

同一个谓语还可以用来表示鸟、狗或松鼠等动物站着，这个谓语的分类词就是手形。

中国手语有很多分类词手形和很多分类词谓语。1978 年，Ted Supalla 发现了分类词谓语的两种基本部分：运动词根和手形，Liddell 和 Johnson 后来对此做过深入探讨。

3.7.1.1　运动词根

1. 状态描述：在这一组运动词根中，手部运动用来描述一个物体，但是手部运动不代表物体本身是运动的。例如：猫、狗、鸟。

2. 过程：在这一组中，手部运动，而且运动代表被描述的物体是运动的，或要运动。前面讲的例子"四轮车交通工具－驾驶"car-drive-by 就是过程词根的例子。其他例子还有"动物－站"。

3. 接触词根：这一组中，手向下运动，但并不表示物体的运动，也不描述物体的形状。

运动词根具有"位于某地方"的含义。我们早些时候说过的词"猫站着"（即猫位于某地方），类似的还有轿车位于某地方，杯子位于某地方、房子位于某地方也是接触词根的例子。同样，这一组词还包括伸出拇指和小指生成的 Y 手形谓语，例如"女孩到那儿去了"就是如此表述。在此情况下手势通过向下运动指向空间中具体某一点来表达。但是，这个手势也可以出现在"小明在这儿，小红在那儿"这些句子中。在这些句子中食指运动可能直接向外，犹如指向一个想象中的地图。

同样，这一组词还包括伸出食指生成的谓语，例如"女孩到那儿去了"。在此情况下手势通过向下运动指向空间中具体某一点来表达。但是，这个手势也可以出现在下列句子中"北京在那儿，武汉在那儿"。在这些句子中食指运动可能直接向外，犹如指向一个想象中的地图。

3.7.1.2　分类词手形

1. 整体词素：整体词素手形把物体当作一个整体，比如汽车、动物或站着的人。通过整体词素表达出来的其他概念有飞机、飞碟、平躺的人、坐着的人、老人、排队的很多人、纸张。

2. 表面词素：表面词素手形表达的是表面或电线、狭窄的表面或宽广的表面。例如：5 手形用来指代广袤的水，指代湖、海、河流等。

3. 器具词素：这一类手形表示握住不同物体的手部，或者器具，这些手部或器具作用于物体。例子包括纸张、不同款式的杯子（比如手握纸杯的手形与手握茶杯的手形是不一样的），器具包括剪刀、小刀、筷子、注射器、棒球拍和高尔夫球杆。

4. 深度和宽度词素：这些手形表示不同物体的深度和宽度，比如树干和管道，包括物体的层次，比如厚厚的化妆品或积雪的厚度。这种手形还用来表示不同宽度的条纹。

5. 范围词素：这一类手形表示数量或体积，比如杯子中液体的数量、一堆文件、或数量的增减。手势"放气"的手形属于这一类，代表空气数量的减少。

6. 周长－形状词素：本类手形指代物体的外部形状，包括长方形、圆桌、一堆泥土或一堆草，它们都有具体的分类词手形。用来描述记录卡片或扑克牌的手形属于这一类，还有硬币，扑克牌或纽扣。

7. 表面词素：本类手形表示一大群人、动物或物体。比如一群人、正在运动的一群牛、观众。

分类词谓语由运动词根和分类词手形共同构成。但是并非所有的词根都可以与全部手形类型配对。比如接触词根可以与整体词素、表面词素和周长词素连用，但是不与器具词素、范围词素和宽度与深度词素连用。同样过程词根可以与器具词素、范围词素、表面词素和整体词素连用，但是不能与深度词素、宽度词素或周长词素连用。而且同样的物体可以用不同手形进行表达。比如，小汽车可以用整体词素或表面词素来描述，这要视具体句子需要而定。一张纸可以用整体词素或器具词素来描述，要视纸张是否放在桌上或拿在手上而定。

每个分类词谓语都有一个位置，分类词动词的位置可以准确表达事物的三维空间位置。如果手势者在空间特定点用 CH 手形和接触运动词根来生成分类词谓语，那么其意思就是，一个四轮车类交通工具位于三维空间的一个点上。在此情况下，分类词谓语的位置有固定功能，已在第六节讨论过。空间的精确点具有一定含义，而且指的是实际三维空间的点。比如，假如手势者在重述一个交通工具正从一个地方移动到一个地方时，手势者必须把主手从一个地方精准地移动到另一个地方，如果主手在半途停下，这就清晰表明，这个交通工具在中途停下了，因为半途点与开始点或结束点的意思是不一样的。

中国手语中存在很多分类词谓语，这是中国手语能够生成新手势的重要途径之一。中国手语结构的早期描述指出，中国手语用分类词谓语使表述多元化。但是，多元化是一个应用于名词的过程，而分类词谓语不是名词。分类词谓语可以表示"不止一个"的概念（比如，我们可以想象用手势做出"车停成一排"或"一群人"的情况），但是，"不止一个"的概念要通过分类词谓语传达出来。比如，"车停成一排"可以用几种不同的方式来表示：主手（CH 手形）沿直线重复向下运动，运动过程中不断变换位置；或者主手做出"扫地"的动作；辅手（CH 手形）在上述两种情况下静止不动。上述两种方式都可以表示"不止一个"的概念，但是必须与分类词谓语配套使用才行。

分类词谓语通过几个小的意义单元合并成更大的意义单元来构成，主要单元就是手形和运动。位置、方向和非手动标志。事实上，分类词谓语的位置信息说明物体的具体位置。如果物体是运动的，那么位置信息就表示初始位置和最终位置。非手动标志也可以传递信息，我们可以想象非手动标志是如何用来描述很薄的物体与很厚的物体的对照情况。

在有些情况下，分类词谓语里小单元的意义不容易细分出来。有时所有的单元没有主次之分，因此构成较大单元的意义，我们称之为"词汇化"，是一种小单元的意义在较大单元中"意义缺失"的处理过程。中国手语有很多词汇化的例子。如果我们停下来仔细看看手势的手形、位置、方向和运动，就会发现手势是如何构成的。但是手势每个部分的意义不再独立起作用。比如在过去，手势包、眼镜、刀的手形具有器具词素功能，但是现在我们很难看到它们的器具特征了。同样手势"交通"的手形可作为表面词素，表示"在表面通过"，手势"交换"的手形可作为整体词素，表明"物体在两个地点之间移动"，但是现在在手势者是无法联想到这些意义的。在过去手势者选择使用手势"落下"的手形，因为该手形可作为整体词素来表示树叶等，但是该手势还可用来表示头发－落下，但其手形不再指代树叶。

　　手势"两个人并排走着"是一个产出性的分类词谓语，这表示手势的每个部分都具有独立意义，每个部分可作为词素。也就是说通过手形变化来表达"三个人并排走着"或"四个人并排走着"或"两个人并排走着"。还可以表达面对面或向同一个方向"两个人并排走着"。这表明手动方向可以表达意义，非手动标志也具有表达意义的类似功能。手势者每次从头开始选择每个部分来表达手语意义。但是在手势"拥护"中，手势始于一个分类词谓语（很显然手形是整体词素，指的是"站着的人"），手势的构成部分没有独立意义。它们表示独立词素。手势者在使用过程中不会从头开始使用这个手势。所有构成部分可组合来创建新的意义，其构成部分是不能改变的，仍然具有"拥护"的意思，"拥护"是一个典型的"词汇化分类词谓语"的例子（见图3-8）。

两人并排走　　　　　　　　　　　　　　　　拥护

图 3-8　能产性分类词谓语与词汇化分类词谓语对比

表 3-9　能产性分类词谓语与词汇化分类谓语对比

	M	M	M	H		M	H	M	H	M	H
手型	V	V	V	（可能是1, 3, 4……）	手型	2		2		2	
位置					位置	靠近右肩					
方向	视情况而定				方向	掌心向外					
非手动标志					非手动标志	无					

能产性分类词谓语	词汇化的分类词谓语
能产性分类词谓语：每个部分都具有独立意义，而且可以细分。手语者可以选择任一部分，然后在使用过程中创造出手语。	词汇化的分类词谓语：手语各个部分与能产性分类词谓语部分可能是一样的（比如：描述一个站着的人时，手型是一个完整的整体），但是这些构成部分是不能拆分的，他们不再是独立词素，也没有独立意义。而是共同表示一个意思。手语者不能每次通过手势创造出手语。这时手语是"现成的"。

3.7.1.3　位置动词

　　分类词谓语由运动词根和分类词手形构成，其位置表示的是物体在三维空间的位置。中国手语中还有一类动词，就是位置动词。位置动词类似于分类词动词，都用位置来表示三维空间的物体位置。手势"扔"就是很好的例子。当手势者表达句子"她扔石头"时，动词运动的方向表明了物体被扔出去的方向，而且方向还有很大的灵活性。比如，如果手势者正在谈论把什么东西扔给他上面阳台上的某人，手势的方向就向上；如果手势者谈论的是向某人扔东西下来，方向就向下；如果手势者谈论的是把东西扔过自己肩膀，则手势方向就会扔过肩膀；其他情况以此类推。与位置动词有关的其他例子包括"坏了"，该手势表示的动词可以放在身体的某个特定部位，还有手势"放"也如此。

　　位置动词与其他动词不一样，其他动词包括喜欢、伤害、怕、想、洗、吃、喝、住，都是简单动词的例子（Padden 于 1998 年提出这一观点），这里的位置特征仅仅是手势构成的一部分。在简单动词中位置的功能就是用于发音。因此在这些手势中，位置没有独立意义。

　　位置动词与分类词谓语一样，其位置代表着三维空间的某个点。不同之处在于分类词谓语的手形有独立意义，而位置动词的手形没有独立意义。也就是说，分类词手形通常表示的是物体的分类（比如 CH 手形表示四轮车类交通工具），物体的大小和形状（O 手形表示小而圆的物体），或握住物体的手（器具手形）。

我们不能说"放"、"教"或"扔"这些位置动词的手形就是分类词。描述其区别的最好办法就是比较位置动词"教"和分类词谓语"青蛙－跳"（见图3-9）。

教　　　　　　　　　　　　　　青蛙－跳

图3-9　位置动词和分类词谓语的区别

我们说"青蛙－跳"的手形是一类动物的分类词手形，因为它与一些动物的形状有关，而"教"的手形却不是分类词手形，即使这两个手势都在特定身体部位上生成，但是它们所表达的意义是不一样的。

3.7.2　总结

分类词谓语的手形表示的不仅仅是整个物体，还表示表面、深度、宽度、范围和周长，器具等和表示特定动作。很多手形都非常形象化，可能是来自中国手语中大量的分类词动词的原因，因此读者可能会加深"中国手语就是空间图片"的错误认识。相信读者阅读并讨论完本部分内容后，就可以理解分类词谓语是中国手语的形态学结构，而不是"空间图片"。

还有人错误地认为中国手语由很多伴随手势（gestures）组成，这些伴随手势在手语里的比例达60%之多。这个假设可能源自这样一个事实，那就是分类词谓语的结构是高度形象化的。实际上伴随手势其实只是中国手语结构的一部分，而且是非常重要的一部分。

分类词谓语由两个部分组成：运动词根和和分类词手形，可以分成不同类型，详见表3-10。

我们还知道，位置动词就像词汇化的手势，而不像分类词谓语，因为它的手形不是分类词，而位置动词与分类词谓语相似，不像词汇化的手语，因为它们的位置具有独立意义。

表 3-10 分类词谓语的两个组成部分

运动词根	分类词手形
状态描述	整体
过程	表面
接触	工具
	深度和广度
	范围
	周长形状
	表面

3.8 分类词谓语与手势者视角

我们在前面的内容中讨论了中国手语的分类词谓语，这些动词可以通过音节结构（运动和保持）合并手势的构成部分（包括手形、位置、方向和非手动标志）来表示。有些分类词谓语表示的是可以感知的动作，也就是说，单手或双手的移动表示物体表面或正要移动的物体（见图 3-10）。本单元的研究就是在此基础上进行的。我们知道，手形 CH 表示四轮车类交通工具的分类词谓语用可以在 U 手形辅手上面来完成，辅手可以反复运动，表达出手势"表面 - 经过 - 下 - 车"的意思，或者表示汽车在马路上行驶。如果辅手的手形变成 CH 手形，并朝与主手运动方向相反的方向运动，则意义就变成车子经过车旁。另一个例子是数字 1 手形用于表示一个人，如果数字 5 手形向数字 1 手形运动，表示的意思就是表面 - 经过 - 人（比如人穿过树林）。最后一个例子是 E 手形可以用来表示硬币，当辅手以 U 手形在下面朝手势者运动，表示表面 - 穿过 - 下 - 硬币。

可感知动作也可以通过方向表示出来，高效使用方向意味着手势者注意到方向，并用方向来产生不同的意义，手语句子"表面 - 经过 - 下 - 车 - 上坡"和"表面 - 经过 - 下 - 车 - 下坡"就是这样的例证（见图 3-11）。

这一类手势并不局限于某种形式的运动。我们发现运动具有高度的产出性，可以表达物体运动速度或物体数量之类的意义，不过要视具体情况而定。比如，要表达经过物体和经过表面的概念，可以通过打出更快的音节序列来表示更快的

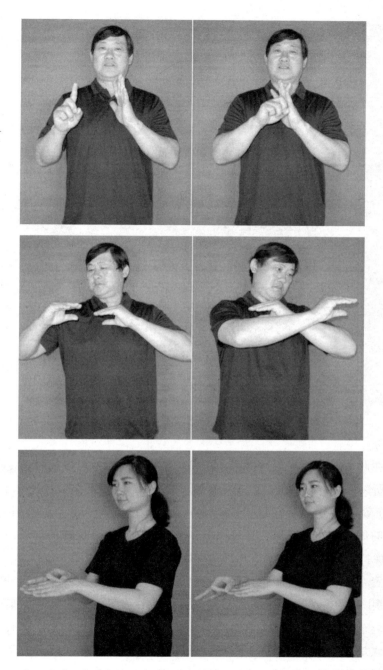

图 3-10　车 – 穿过 – 车、表面 – 穿过 – 人、表面 – 穿过 – 下 – 硬币的可感知动作实例

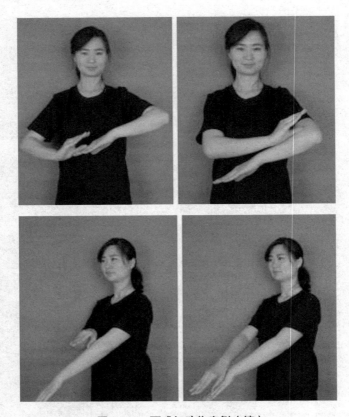

图 3-11   可感知动作实例（续）

速度，在此情况下就是运动保持。在表达穿行物体时，可以通过重复序列来表示复数，所以一辆－车－经过－车－快速（ＭＨ）与两辆－车－经过－车－快速（ＭＨＭＨ）就形成了对比。更快的速度也可以通过结构来体现，这里结构就是具有内部运动的保持，句子表面－经过－下－车－非常快就是这样的例子，还可以通过扩展的保持，然后运动和具有内部运动的保持来表示（见图 3-12）。

　　位置在分类词动词中也是非常重要的，而且动词不受一个位置的限制。一个人可以用手势表示出表面－经过－车－旁边、表面－经过－下－车、表面－经过－上－车和表面－穿过－前面－车。这些手势的表面也许是手势者正在表面上走动，或是她的车正在表面上开过，还可以是她正在表面上溜冰。下列两个句子的区别就是位置的不同：1. 表面－经过－车－旁边；2. 表面－经过－手势者－旁边（见图 3-13）。"对象或表面穿过其他对象"以及"对象或表面经过或出现在手势者躯体边"这两句话也有着明显的区别。动词表示物体或表面穿过手语者的身

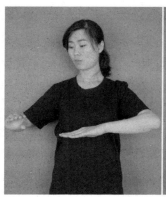

图 3-12　可感知动作实例（续）

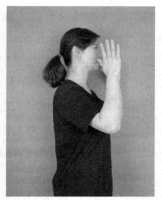

图 3-13　可感知动作实例（续）

体部位，说明物体或表面穿过其他物体时同样具有相同的产出性。我们可以用手势做出树－经过－手势者，电线杆－经过－手势者，或者屋顶－经过－上－手势者。因此，电线杆看起来通过的可快可慢，要视音节结构的变化而变化。

　　对于这些谓语，分类词手形是一个整体手形：树、电杆、小汽车等。运动词根应该是过程词根，因为其意义就是手势者的实际动作。我们注意到了一个非常有趣的现象，那就是在这种双手表示的谓语中，一只手代表实际运动的物体，另一只手代表物体运动的表面，过程词根在表面手形上生成，而不是在运动物体的整体手形上生成。实际上在双手手势里过程词根与整体手形一起生成看起来是不能接受的，或者不符合语法规则。

　　基于这一点，我们讨论了运动或正要运动的物体或表面的分类词谓语。位置表明了是否涉及手势者观点。但是有趣的是，这些动词表示的是基于手势者视角，物体或表面是否运动或将要运动并不重要。例如在我们称之为"一般平面（general level）"上（指的是身体中部部位）打出表面－经过－下－车手势是可行的。这是一种前进中的交通工具的一般描述，没有手势者可以看见的具体参照物。

手势"表面－经过－下－车"也可以在眼睛所在平面表示出来。可能某人希望在眼睛层面上打出这个手势来表示小汽车所处的位置较高。实际上手势"表面－穿过－下－车"在眼睛层面是表示"我看到汽车走过去了"。如果手势者坐在该车后面的车上，该车是描述的对象，而他正在解说前面的车的状态，这也是可能发生的。

我们还注意到，在眼睛层面上还可能生成分类词谓语来表示非运动或可以感知的运动物体或表面。我们可以在眼睛层面用手势表示人－坐在－前面－我，或在一般层面表示人－坐，而不用参照手势者视角。也可以在一般层面打出手势车－位于－某地方，在眼睛层面打出手势车－位于－前面－我。因此分类词谓语的位置信息具有来自"手势者视角"的含义。表示"来自手势者视角"的区域似乎是在胸与肩上部和头顶之间变化的，但是具体手势的表达水平面站在"手势者角度"，可以视物体的相关位置来决定。

中国手语似乎具有两种水平面系统（见图3-14）。第一个系统用来表示物体和

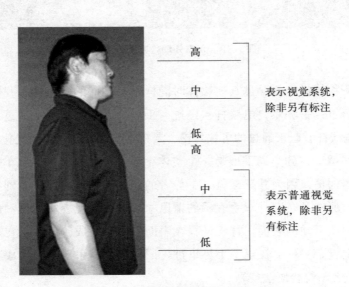

高

中

低
高

表示视觉系统，
除非另有标注

中

低

表示普通视觉
系统，除非另
有标注

图3-14 美国手语中的视角和一般水平体系
除非另有标注，这里指视角系统。

事件的一般位置，这个系统不参照"手势者视角"。在第二个系统中，具体参照物要依照"手势者视角"来决定，而且更具体地说，这个参照物坐落在动词的位置部分。

第二个系统有三个基本层面，由手语者的相对视角来决定。比如在低层面的手势道路－经过，中间层面的手势车－位于，高层面的手势屋顶－经过。可能是：1. 非透视（non-perspective）动词有时可以在较高层面打出来；2. 透视动词有时可以在较低层面打出来。如果这样的话，它可以在对话过程中公开标记。比如，火车－经过可以在腰部层面打出来，意为"从手势者视角"来看，但是前面的句子会证实手势者是正在从山上往下看。所以如果动词在"视角"层面打出来，它就意味着"从手势者视角"来看，除非已经另外注明。如果动词出现在一般层面，那么它并不包括"手势者视角"，除非也被另外注明。

3.9　主语－宾语呼应

我们已经知道中国手语的动词包括关于动词行为是如何实施的信息。本节中我们将讨论中国手语动词如何包含动词的主语与宾语信息。如果动词包含这样的信息，我们就说该动词呼应主语或宾语，这个过程就称之为主语－宾语呼应。

3.9.1　英语中的主语－宾语呼应

英语中有些例子可以帮助解释主语－宾语呼应。在句子 the boy sees the girl 和 the girl sees the boy 中，我们可以通过词序判断谁是主语，谁是宾语。也就是说，通过句中单词的位置来判断。The boy 是第一句话的主语，它出现在动词之前，the girl 是宾语。在第二个句子中，the girl 是主语，它出现在动词之前，而 the boy 是宾语。我们还知道，因为动词 see 后面加了一个 –s，所以主语是第三人称。这就是英语中的主语呼应，这里的动词包含了主语的信息，我们在第一单元就讲过，第三人称 –s 是粘着词素。

在英语句子 I see the girl 中，动词没有特殊标记表示主语，我们知道谁是主语是从单词 I 和词序看出来的，但是我们却不能说动词呼应主语。英语也采用特殊单词来表示主语或宾语，这样，在句子 I saw the girl 中，I 就是主语，而在句子 the girl saw me 中，me 就是宾语。句子 me saw the girl 或 the girl saw I 在英语语法上是不正确的。

3.9.2　中国手语的主语－宾语呼应

英语采用词序和一些特殊代词，或同时采用两者来指出主语与宾语。英语中的主语－宾语呼应并不多。除了第三人称单数 –s，动词一般不包括主语和宾语信息。在这点上，中国手语与英语有明显不同，因为很多中国手语动词确实包含了主语和宾语信息，这种信息包含在动词的位置部分或方向部分，或者同时包含两者部位。由于位置或方向是影响意义的手势构成部分，所以说位置和方向就是词素。中国手语的很多动词都有类似于数字合并的结构：即一个词素由一类格式（frame）构成，具有动词的基本意义，而另一个词素包括手势的位置和方向，指明动词的主语和宾语。所以说，位置和方向具有词素性。我们来了解七种不同的动词。这种信息是基于 Liddell 和 Johnson 的研究得到的。

3.9.2.1　方向

有些动词的方向包含了动词的主语与宾语信息。在动词恨（以 Y 手形表示的动词形式）中，小指要指向宾语，大拇指指向主语。用中国手语翻译汉语句子"我恨他"，大拇指应指向手势者，而小指指向的是宾语预先设定的位置。最重要的一点是，由于主语和宾语信息是包含在动词的方向部分，所以，没有独立的手语来表示我或者他。如果我们标记手势者为 A，而其他人为 B，这个句子看起来就是这样的：

表 3–11　"我恨他"

	H	M	H
手形	Y		Y
位置	胸部		右前方
方向：小指	B		B
拇指	A		A
非手动标志	眯眼、皱眉、咬牙		眯眼、皱眉、咬牙

如果句型变成"他恨我",那么情况就颠倒了,变成:

表 3-12 "他恨我"

	H	M	H
手形	Y		Y
位置	右前方		胸部
方向：小指	A		A
大拇指	B		B
非手动标志	眯眼、皱眉、咬牙		眯眼、皱眉、咬牙

这两种情况下,大拇指都要指向主语,小指要指向宾语。"打"是另外一个动词例子,这时主语和宾语信息只需包含在方向里。

中国手语还有一种特殊打法,这种动词的主语和宾语信息却体现在非手动标志上,手部四大参数没有变化。如表达"我喜欢他"时,打出手势"喜欢"时需要抬起下巴,并将下巴方向对准宾语。类似的还有"想""学习""忘记"等,需要睁大眼睛,头部伸出指向宾语。

3.9.2.2　位置

有时主语－宾语信息包含在位置中,比如动词"教育""尊重"就是如此。方向没有改变,但是动词的位置告诉我们谁是主语,谁是宾语。因此,如果我们把手势者的位置定为 A,另外一个人的位置定为 B,那么"我尊重她"这个句子就可以用表 3-13 如下:

表 3-13 "我尊重她"

	H	M	H
手形（辅以辅手）	A		A
位置	A		B
方向（指辅手）	掌心向上		掌心向上
非手动标志	睁大眼睛、唇部闭合		睁大眼睛、唇部闭合

而"她尊重我"可以用表 3-14 表示

表 3-14 "她尊重我"

	H	M	H
手形（辅以辅手）	A		A
位置	B		A
方向（指辅手）	掌心向上		掌心向上
非手动标志	睁大眼睛、唇部闭合		睁大眼睛、唇部闭合

这种案例再次告诉我们手势的第一个位置就包含了谁是主语这样的信息。

3.9.2.3 方向和位置

中国手语中存在这样一些动词，如手势"帮助"其位置和方向都包含了主语与宾语信息。在句子"我帮助他"中，我们把手势者的方向和位置定为 A，另一个人的方向和位置定为 B，其分析见表 3-15。在表格里，第一个位置是主语，而第二个位置是宾语，而且对"恨"这个动词而言，小指要指向宾语，大拇指要指向主语（见图 3-15）。在他帮助我这个句子中，情况就发生了改变。

表 3-15 "我帮助他"的手势打法分析

	M	H
手形	U	U
位置	A	B
手掌方向	B	B
手背方向	A	A
非手动标志	睁大眼睛、唇部微合	睁大眼睛、唇部微合

注：这些手型并不在 Liddell & Johnson 系统里使用。为了证明的需要，我们选择了简化的描述。

"我帮助他"表示为：

图 3-15　可感知动作实例（续）

"他帮助我"表示为：

表 3-16　动词位置和方向上体现的主谓信息

	M	H
手形	U	U
位置	B	A
手掌方向	A	A
手背方向	B	B
非手动标志	睁大眼睛、唇部微合	睁大眼睛、唇部微合

这一类的其他动词包括看、问、告诉等，双手手势抓、救，在这些手势里，双手的位置和方向表明了谁是主语，谁是宾语。

3.9.2.4　宾语信息

到目前为止，所有讨论的动词都有主语和宾语信息，这些信息包含在其结构中。所有情况下，主语信息要率先出现。但是有些动词既表明主语也表明宾语，不过宾语信息先于主语信息出现，比如手势"抱"、"拉"和"拖"就是如此。所以，如果我们把手势者的位置定为A，另外一个人的位置定为B，那么句子"我拉她"的表达就是这样的：

表3-17 "我拉她"的表示

	H	M	H
手形（辅以辅手）	D		D
位置	B		A
方向	掌心向内		掌心向内
非手动标志	睁大眼睛、唇部闭合或微开、躯干向B位置前倾		睁大眼睛、唇部闭合或微开、躯干向B位置后倾或后倾

这里动词始于宾语位置，结束于主语位置。同样的情况也出现在"她拉我"这句话中：

表3-18 "他雇佣我"的表示

	H	M	H
手形	D		D
位置	A		B
方向	掌心向内		掌心向内
非手动标志	睁大眼睛、唇部闭合或微开、躯干后倾		睁大眼睛、唇部闭合或微开、躯干前倾

我们可以看到，这里动词还是始于宾语位置而结束于主语位置。

3.9.2.5 相互动词

中国手语中既包括主语信息也包括宾语信息的其他动词，我们称之为相互动词（reciprocals），意思是同时存在动词的两个主语信息和两个宾语信息，比如动词"互相反对"，一只手位于手势者前额，掌心向外。手的位置表示主语，方向表示宾语。另一只手也与一只手同在一个水平面，掌心面向手势者。对于另一只手，其位置也表示主语，即另一个人，方向表明宾语，这里指的是手势者本人。因此，每只手都同时表示主语和宾语，位置和方向也同时出现。关于这类动词还有其他

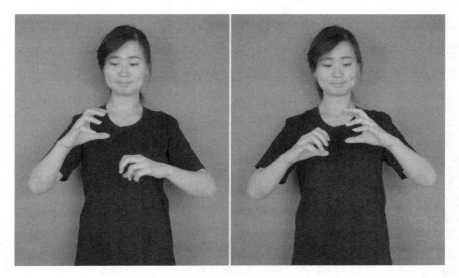

图 3-16 相互动词

例子，包括"互相咬"（见图 3-16）和"互相找"。"我和他互相找"，"我找她"，"她找我"。

3.9.2.6 只有宾语的动词

有些动词只表示宾语信息，比如动词告诉，我告诉他这个句子就是如此，详见表 3-19：

表 3-19 "我告诉他"的表示

	H	M	H
手型	1		1
位置	下巴	远离下巴	
方向	掌心向下		掌心向上
非手控符号	无		无

这里，手势"我"需要独立的手势，原因是主语信息并没有包含在位置或方向里面。句子"他告诉我"这句话的表达也是如此，见表 3-20：

表 3-20 "他告诉我"的表示

	H	M	H
手型	1		1
位置	下巴		胸部
方向	掌心向下		掌心向下
非手控符号	无		无

这里也需要用独立的手势来表示"他",因为动词没有包含主语信息。

3.9.2.7 简单动词

中国手语有些动词没有包含主语或宾语的任何信息,所以有些研究人员把这类动词叫作简单动词(Padden,1988)。所有这些动词都需要独立手势来表示主语或宾语。例如手势"怕",句子"我怕你"中的动词"怕"就是如此,如表 3-21 所示:

表 3-21 "我怕你"的表示

	H	M	H
手形	弯曲的 5 手形		弯曲的 5 手形
位置	胸部		胸部
方向	掌心指向手势者		掌心指向手势者
非手动标志	睁大眼睛、唇部张开		睁大眼睛、唇部张开

在这里动词没有显示任何与主语或宾语有关的信息。这句话需要独立手势来表示我和你。这类动词还有:"吃""洗""尝""理解""知道""玩",等等。

3.10 代词和限定词

3.10.1 代词

代词代表已确认的人物、地点或事件。汉语中代词的例子有我、你、他、她、它、她们、他们、咱们、自己、人家。使用代词的句子有"他回家早"和"她把它给我们了"，等等。阅读或听到这些句子时，我们必须知道他、她、它或我们指的是什么，或是谁。如果不清楚，我们就无法理解句子含义。我们之所以能够理解句子含义，是因为在对话中，参照物（代词代表的名词）已经在前面出现过了，或者我们可以从上下文语境来猜。例如，如果一个句子描述男孩，另一个句子使用的代词是他，那么假设代词他指代的就是男孩，这种假设或猜想是清晰准确的。再如假设三个人坐在桌子前的情况，如果一个人看着她右边的另一个人，却指着她左边的人说他告诉我一些有趣的事情，这里他的意思只能从语境来判断，这时"他"指的应该是左边的人。

中国手语也有代词。本单元我们将集中讨论主语代词和宾语代词。汉语和中国手语的代词有很多相似的地方，也有不同之处（见表 3–22）。我们来看看中国手语句子"他愚蠢"，这个句子翻译成汉语就是"他很愚蠢"。在中国手语句子中，pro. 3 是代词，可以通过指向远离手势者的食指表达出来，用注释形式 I 他 + 食指来表达这个代词。当手势表示的是第三人称（与注释为 pro. 1 的第一人称我或我们相对）时，它并不表示第三人称是男性还是女性，而汉语词汇他和她是可以区分性别的。中国手语的第三人称代词还可以通过大拇指表示出来，我们把这种代词注释为他 + 大拇指。

表 3–22　汉语和中国手语主语代词与宾语代词的比较

代词	汉语	中国手语
第一人称		
单数	我	我
复数	我们	我们、我们两个、我们三个、我们四个等
第二人称		
单数	你	你
复数	你们	你们、你们两个、你们三个、你们四个等
第三人称		
单数	他、她、它	他 + 无名指。他 + 大拇指
复数	他们、她们、它们	他们、他们两个、他们三个、他们四个等

中国手语中第二和第三人称代词没有明显区别。另外任何给定代词的含义都由代词出现的语境来决定。比如手势者的手势远离自己的身体，那么同样的手势可能指的是第二或第三人称。究竟指的是谁要视这个句子所处的语境而定。尽管

我们可以对第二和第三人称用你和他进行注释，但是中国手语没有单独的手势来表示这些人称。

虽然英语表示主语代词和宾语代词的有区别，比如 he（主语代词）和 him（宾语代词），we 和 us，she 和 her，they 和 them，等等。但是中国手语的代词与汉语等其他很多语言的代词一样，也不能显示这种区别。相反，主语和宾语是通过手语顺序来表示的。比如中国手语句子"我怕你"就有两个代词，一个指向手势者，手部通常与胸部接触（注释为我）。一个指向远离手势者的方向（注释为你）。汉语翻译成"我怕你"。

中国手语代词能显示数量差异，所以手势"你"指代一个人和"你"指代超过一个人是不一样的。"你"指代一个人时，用食指指向远离手势者的方向，如果指代超过两个人，则用 V 手形，且掌心向下，在手势者前面两个点之间来回运动。数量差异也可以用第三人称代词表示出来。比如"他"指代一个人时，可能会伸出食指，然而指代多人时，可能用伸出的食指像指点一样从一个点移向另一个点重复几次。如果表示的人数不止一个时，还可以使用数字手形，这样代词就可以注释成他们两个，或者他们三个，或者他们四个。

在代词手势中，位置的作用至关重要。很多中国手语的代词由伸出的食指构成，这给我们提出了两个问题：1. 手势位置本身的功能是什么？ 2. 手势者指向的位置功能又是什么？看起来手势位置的功能似乎就是发音，也就是说，位置只是代词手势的一部分，并没有独立的形态学意义。比如"他"既可以在手势者右边生成，也可以在左边生成，用以指代第三人称。手势者究竟选择哪边似乎并不重要，但是要注意，一旦确定了用左边还是右边来指代特定第三人称，那么整个对话中就要一直用下去，不能改变，这点特别说明。我们不能用一边指代第一人称而用另一边指代同一个人。

代词表示的是已提到的或者语境明显指出的人、地点或事物。手指指向的空间位置可以辨别代词的指代对象（正在谈论的人、事物或地点）。所以即使代词手势指向了一个空间位置，也会在手势者身体附近某个特定位置上生成，但是位置功能还是有别于分类词谓语或位置动词的位置概念。

3.10.2　限定词

中国手语还有另外一种指向手势——限定词，由修饰名词的单词或手势构成，它们可以指明被指代的名词是否一个特定名称，还是任何特定一类名词的一个成员。汉语中的限定词包括每、各、都、所有、一切、全体、满、整等，按其功能可分为统指、分指、整指。

中国手语也有限定词，是用食指生成的指向手势，而且总是与名词一起出现，在名词前、后都可以。为了方便，限定词使用 det 来注释，图 3-18 就是限定词出现在名词前面的例子。这句话表示的是我问 det 女孩（"我问了这女孩"）。限定词出现在名词后面的例子可以用女孩 det 笨（"这女孩笨"）表示。唯一例外的地方就是限定词与名词不能同时出现，这也是中国手语与其他国家手语诸多差异之一。其他国家手语是允许与名词同时出现的，比如美国手语表达句子"男人/det 笨"（"这男人笨"）时，打法如图 3-17。从图中可以看到这样的名词和限定词同时出现了，是因为限定词以 1 手形通过辅手生成，同时主手生成男人这个手势。

关于限定词位置的功能，看起来似乎是发音的，它仅仅是手势生成的地方。研究人员 June Zimmer 和 Cynthia Patschke 发现，通常情况下，限定词的位置与其伴随使用的名词位置相同或类似。比如，在中国手语句子女孩 det 笨中，指向手势就是限定词，在手势女孩的下巴层面表达出来。而且，June Zimmer 和 Cynthia Patschke 都认为，手势者指向的实际方向没有单独的意思，是无意义的。这里我们再次看到了这类手势的位置特征明显不同于其他手势的位置。

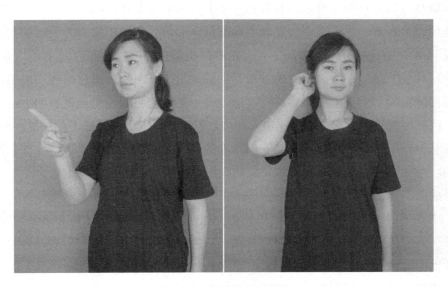

图 3-17　名词前的限定词

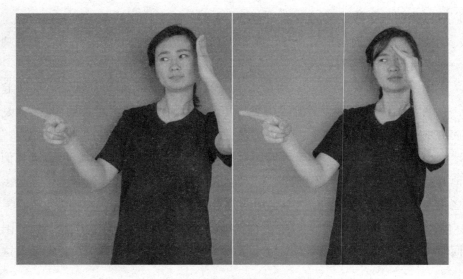

图 3-18　名词与限定词同时出现

3.11　时间体

体（Aspect）包含在谓语中的信息，它告诉我们谓语的动作是如何完成的。体表示谓语行为进行的各种阶段和状态，是谓语特有的语法范畴。每个语言的体的范畴的表现各不一样，在中国手语中体与动词和形容词的形式有关。目前国内尚未见到对中国手语"体"的讨论，但在中国手语中"体"是很常见的语言现象，出现很频繁，是一个值得研究的领域。一般来讲，有声语言里包括体在内的语法范畴必须有词形变化的形式体现。汉语没有形态，严格的说也就没有如上语法范畴。因此中国手语虽然植根于汉语大环境，但还是体现了同英语类似的语法范畴，从而从侧面上证明了中国手语是一门独立的语言。目前大多数手语研究都是基于Klima 和 Bellugi 的成果来进行的，因此我们这里主要基于他们的思想来介绍中国手语的体。

中国手语中很多不同种类的体标记，包括那些表明动词行为未结束、频繁、冗长、强烈的标记。很多体标记都与动词行为根据参照时间变化而表现有关。语言学上把这种术语称之为"时间体"，这里我们将讨论其中的一些例子。

中国手语中讲述谓语行为的表现方式是通过手势的音节结构来完成的。比如手势读书的基本形式是双手手势：辅手和主手是一个保持，用 U 手形加上掌心向上来表示，这两个手形并排接触。但是手势"读书"也可以用作表示"一直在读书"。在这种形式中手势的手形和方向与基本形式相同，而且其位置也基本相同。那么如何赋予一直地、连续不断地的意义呢？这里就是通过反复进行旋转运动来表示。根据 Liddell & Johnson 框架，这个手势的结构是一个运动，旋转运动看起来如下：

旋转运动告诉我们动词行为是如何根据时间来展示的。动词"读书"的旋转形式就是为了表现"体"才进行屈折变化的。屈折变化（Inflection）是一个语言学术语，用来表示词素，词素可以把语法学信息附加到单词或手势上。在第一节讨论名词 – 动词兼类时，我们指出，英语形态学和中国手语形态学似乎存在根本的差别，即英语趋向于在产生新的单元过程时要"添加什么东西"，而中国手语形态学则趋向于改变结构。中国手语中的"时间体"就是很典型的例子（见图 3-19）。我们在第一和第二节中都讲过，有时作为代替可识别形式的过程，这样的词素是最好识别的，这样处理的结果就是产生一个新词素。语言学家研究有声语言中的时间体屈折变化时，通常他们会描述添加到动词开始或末尾的词素。这些词素提供了动词行为是如何实施的信息。

在中国手语中，我们不能说任何东西都可以添加到动词读书上，以表达一直读书的含义。手形和方向维持不变，但是手势的基本结构却发生了变化，从一个保持变成了一个运动，位置也由于运动而产生了变化。有时，结构的改变是通过重复过程来完成的。同样相当具体的非手动标志也可以添加到"一直地、连续不断地"的含义里面去。如果把中国手语动词描述成"屈折变化"时，随即添加了语法信息，那么屈折过程看起来不同于有声语言里的屈折变化。很多中国手语动词可以具有体屈折意义"一直地、连续不断地"，比如动词写字、刮风、吃药等手势。有些形容词谓语也具有这样的屈折变化，比如香和优秀都是如此。

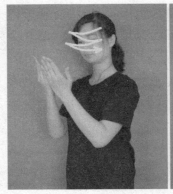

连续读书　　　　　　　　　　定期读书　　　　　　　　　很长时间读书

不断读书　　　　　　　　　　快速读书

图 3-19　中国手语中时态屈折的例子

　　另一个体屈折具有"定期地、有规律地"的含义，这种屈折通过直线式运动手势来表示，具体如下：

　　比如手势读书结构是 MMHMMH，运动方向是呈直线式的。用这种方式来进行手势表达，意思就变成了定期读书。其他能表示这种屈折变化的谓语还有走、跑、病、追、指导、批评。

第三种屈折具有一个运动的结构，其含义是长期地，看起来是这样的：

　　具有这种屈折的动词有哭、笑、站、坐、蹲、躺。病、疼、流动的是一个形容词谓语，也有这样的屈折变化。

　　第四种体屈折具有 MHMH 结构，看起来是这样的：

　　其具有"一再地，反复不断地"的含义，可以和手势写字和看等这样的动词一起使用。

　　第五种"时间体"屈折变化可注释为"立即地，匆忙地"。当手语空间变小，运动速度很快时，手势的意义就是"立即地，匆忙地"。这种屈折变化在动词看、吃、写、读书中都可以看到。我们不能把这种变化定义为一个单独运动路径，因为匆忙地看、匆忙地写就是旋转运动，而匆忙地吃、匆忙地读则是来回运动。但是这些手语都有共同特点：运动速度变快，手语空间变小。这种"立即地，匆忙地"的意义还可以通过手指内部运动或者胳膊外部运动表示出来，比如手势"照相"的基本结构是 HMHMH……，运动过程中食指要反复弯曲和伸直。在表达"匆忙地照相"时，双手要沿水平从右部位置运动到左部位置，手指快速弯曲伸直时，采用 HMH 结构来完成。后者就是一个内部运动，看起来像在摆动。这种手语还常常伴随特定的面部表情，比如双眼斜视，双唇分开并拉紧。类似的还有切菜、理发、按摩、跳绳、滑雪等手势。

　　还有一种特殊的时间体标记，传递的信息是"压力下的行为所导致的行为"，它包括了参照时间，表现的是两个不同部分中行为实施和行为结果。在第一部分中，动词结构是 H（即使动词基本形式包括了运动），双唇分开并拉紧，双眼斜视，这部分表示的是正在进行的压力下的行为。第二部分表示行为结束，嘴巴张开，双眼放松，手势的手动部分的结构是短暂的向前运动，紧随着的是保持（H）。有些动词表明这种标记包括了生孩子、开车、学习、测验、挣扎、跑、读、推。

我们这里没有列出所有的时间体屈折变化情况，它为我们提供了研究中国手语的入口。读者可以留心平时生活中的时间体，提供了词素作为过程的案例，它还表明中国手语如何使用类似有声语言常用词缀的功能。比如具有基本 MH 结构的手势可以添加一个初始保持来表示特定含义。例如手势"到达"的基本结构是 MH，但是，如果加入初始保持后，它就表示"最后到达了"或"经过延迟后到达了"的含义。这种附加的初始保持本质上就是一个词缀。

本节介绍了时间体的基本内容，了解了中国手语是一种有规律的有组织的方式来表明谓语行为，还知道了用哪些方法来实施的。当然并非所有屈折变化都适用所有动词，我们还需要在这个领域进行更多研究。

3.12　中国手语的"时"

语言在交流系统中具有独一无二的特点之一，就是其使用者可以不受所谈论话题的时空限制，可以谈论眼前看不见的事物。即便在另一个房间、另一个省市甚至另一个国家也可谈论相关事情，还可谈论过去发生过的或未来将会发生的事情。语言结构的某一构成部分允许表述现在、过去和将来的不同之处。有时采用的是独立的词条。比如在汉语中，我们用明天、昨天、很快或两天前等来表示事件的时间。词汇"将"也是汉语中独立的词条，表示将来的事件。

英语还用特殊词素表示正在讨论事情的时间。比如英语句子 he walks 和 he walked 的意思就不一样，第一个句子字母 s 表示的是"第三人称单数现在形式"，第二个句子字母"ed"读作 /t/，这个 t 具有 past 的含义，即过去。这两个句子中，动词基本形式是 walk，如果要表达"第三人称单数现在时"的含义，可以添加词素 –s 进行屈折变化。如果表示"过去"，就添加词素 –t。像 –s 和 –t 这样的形式统称为时态标记，表示要使用的时态。

如果我们认为口语单词由辅音和元音构成，那么我们就可以看到，把动词进行屈折变化以满足"第三人称单数现在时"，意味着在动词后面添加一个辅音 s，

有时读作 /z/ 或 /iz/，具体发音取决于动词最后一个读音。同样，要表示过去时态的动词，就必须对动词进行屈折变化，即在动词后面加上一个辅音 t，有时读作 /d/ 或 /id/，具体发音取决于动词的最后一个读音。

有时时态可以通过完全不同的形式来表示。比如我们知道，英语句子 He sees 表示的是现在时态。但是，很多讲英语的人认为 He seed 并不是过去时态的正确形式，因为 see 的过去式是 saw，所以并非所有动词都可以通过添加 –ed 进行屈折变化来表示过去的意义。英语中动词加上 –s 表示现在时态，加上 –ed 表示过去时态，这些形式称之为 "粘着词素"，它们是语义中的意义单元，不会独立出现，必须附在其他形式上。粘着词素与自由词素不同，自由词素可以独立存在。在数字合并单元中，我们举了很多例子来解释中国手语粘着词素的手形。

英语的时态有时可以通过独立词条表现出来，有时也可以通过特殊词素表现。在 ASL 中，"时" 的处理方式是不同的。一般来讲，中国手语不采用粘着词素（比如第三人称单数现在时 –s 或过去时 –ed）来表示时态。我们也看到过中国手语中表示 "时" 的手势，但是中国手语不会在手势中添加音节来表示时态。

3.12.1 中国手语中时态的表达

中国手语的时态可以通过术语 "想象时间线（imaginary time line）" 来描述，与国外手语的时间线垂直于手势者主体不同，中国手语的时间线不仅垂直于，还可平行于手势者主体，比国外手语更为复杂。在中国手语里，靠近手势者胸部的区域表示 "现在"，向前稍远一点的地方表示 "将来"，背部后面的区域表示 "过去"。更主要是通过运动来表示时态，如左右运动可表示早上、晚上、上午、下午之类的时态，前后运动可表示以前、将来、永远、前天、后天之类的时态，上下运动可表示上午、下午、年、最先、最后之类的时态。

除了时间线，中国手语还采用很多单独的词条来具体描述事件发生的时间，包括现在、今天、昨天、明天、直到现在、还没有、从现在开始、最近、稍后、很久很久以前、以前、将来。这些手势其中有 7 个——现在、今天、昨天、明天、最近、稍后、将来是独立的词条，只是部分含义与想象时间线有关。他们的方向、位置和运动似乎与时间线有关，因为手势 "以前" 是向后运动，而手势 "将来" 是向前运动。但是它们都是表示时间的完全词条。

很明显，"永远" 和 "从现在开始" 手势要部分依靠沿着想象时间线的运动来表示具体时间。通常情况下，"从现在开始"需要手势者在完成"现在"手势时，将手部从手势"现在"的最后位置沿手势者胸部从下到上运动，而"永远"则从手势者前部一个点向前运动。其他手势比如现在、今天、稍后、很久、将来等都是独立的词条。这些词条都可以在虚构时间线上进一步前后或上下运动来表示。看起来位置的改变增强了其含义。比如手势"现在"通常在手势者身躯前方打出来，但还可以通过至少其他两种方式表示出来，一个离手势者更近，手腕几乎贴近躯干；另一个离手势者较远，手臂几乎是向外伸直的。在第一种情况下，运动非常明确地表示时态，而第二种的运动幅度更大，更急。这两个手势都具有特殊的非手动特征，每个手势都在所谓时间线上的不同点，手势的位置与时间并没有关系。位置只是强调了"现在"的概念。

传统描述可能认为这种手势远离了时间线，但是我们认为位置的不同也是为了强调。位置只是手势的一部分，在其音节结构中加上手形、方向和非手控信号可以得到更多意思。

其他表示时间的独立词条包括早上、下午、晚上、中午。中国手语的手势包括年、星期、月、天、小时、分和秒，而且这些手语都允许数字合并现象存在。换句话说，这些手语的手形就是粘着词素，指的是具体数字，比如两个星期，三个月或四年，而手势的其他"体"的作用是词素，表示星期、年和月份的概念。另外基本手势"年"和"星期"采用位置和方向表示过去或未来的年份或月份。比如我们可以想象一下如何用手语表示三周前或两年前或四年后的情况。

3.12.2　习惯"时"

中国手语结构还有一种方式来表示"习惯时"。比如用手语表示每周或每月或每周一的方法不同于这些概念的基本手势。要用手语表达星期的哪一天，以表达出"每周一、每周二"等概念，基本结构是 HMH，要从手势者主控肩的层面从左边向右边或者从右边到左边运动。手形是用来表示一个星期中具体某一天，所以手势"星期"要用单独的位置来表示，一个比前一个位置要低。要用手语表示"每晚"，基本手势的手形和方向要保留，同时音节结构为 HMHMH，手势要从手势者左边向右边运动，然后再打出手势"晚上"。

在我们讨论的所有例子中，可以改变手势的基本结构以得到新的含义。这种改变涉及粘着词素，类似于口语中的时态标记，但是中国手语中的粘着词素不会添加到一个已有手势中。有些基本手势的构成部分被保留下来，而其他的则发生改变。在手势"每周一"中，手形和方向都与"星期一"的基本手形一样，但是其音节结构（HMH）和位置都是不一样的。中国手语还可以表示时间的持续，比如手势"一整天"和"整晚"就是如此，一般是手势"持续"+"天"或者手势"整"+"天"。

3.12.3 将来与完成

中国手语中有两种手势可以注释为"将来"和"完成"，还有一个手指拼写手势 #J。我们可能会认为这些手语只有唯一的意思，就是"在未来"和"在过去"，可能与英语的对应概念相似，但是它们可以表示事件发生的时间，还用以表示强调，这点与汉语类似。例如汉语句子"明天我要去购物"就可以用中国手语表示成"明天购物我"。"未来"的含义来自独立手势"明天"。中国手语句子：

$$\frac{\text{nod}}{\text{明天 购物 我}}$$

可以翻译成加强语气的汉语句子："明天我要去购物。"

手势"完成"通常翻译成"过去"，它作为完成时标记。也就是说，它所表示的是正在描述的事情已经完全结束了。比如手势"结束"可能不会出现在仅仅是参照过去的时间里。汉语句子"昨天他在这条街上散步。"可以用中国手语表达成"昨天散步他"，而不是"昨天散步完成了他"，这种句子适合翻译成："昨天他确实散步了。"这个句子可以用来消除怀疑，也可以表示长句的前半部分，如"一旦他散步完成了，他就会吃饭"。

因此后面的两种情况下，手势"完成"的作用不仅仅是表明过去时态，还具有构成元素的其他功能。

本单元介绍的是中国手语中"时"的基本概念，最重要的是，要理解中国手语有多种表示时间的方法，这些方法与英语时间的表达方法是不一样的。

3.13 小结：派生形态学与屈折形态学

本章我们讨论了形态学的有关内容，知道形态学就是研究语言最小语义单位，以及这些语义单位是如何构成新单词或新手势的科学。形态学研究的是词汇信息，还研究语言如何使用较小的语义单位形成较大的语义单位的。因为语言使用较小语义单位构成较大单位，所以使用了两种不同的过程。有些由较小单位构成的较大语义单位就是派生过程的结果，有些则是屈折过程的结果。

3.13.1 主语 – 宾语呼应

本章介绍了中匡手语里动词主语 – 宾语呼应，需要记住下列几点：
- 很多动词本身包含主语和宾语信息，不需要甚至不允许打出单独的手势来表示主语和宾语。
- 动词表示主语和宾语信息有很多不同的方式。并非所有动词都以同一种方式表示这种信息。

最后还介绍了中国手语位置的使用。我们指出，主语 – 宾语呼应动词位置与分类词谓语或位置动词的位置是不一样的。这三种形式都涉及三维空间。呼应动词的位置可以识别动词的主语或宾语，而且手势者的手部没有必要非常精确地从一个点向另一个点运动。比如在中国手语句子"我给你"中，手势"给"开始时靠近手势者的位置可以识别宾语。但是不存在这样的特定点，手势者手部必须在打出动词手势时运动到这个特定点。另一方面当手势者使用分类词谓语 CH–cl：运动描述一辆汽车从一个地方到另一个地方运动时，手势者手部要从一个具体地方运动到另一个地方。如果手势者手部在半途停下来，那么其意思是汽车中途停下到达第二个点。同样手势者使用位置动词（比如坏了）来表示疼痛的位置时，具体的位置就显得十分重要了。分类词谓语的位置和位置动词的位置没有主语和宾语的识别功能，而呼应动词却具有这样的功能。

3.13.2 派生形态学

派生形态学是创建新的语义单位的过程，换句话说，是派生出新的语义单位。英语里派生形态学的一个例子是通过添加后缀 –er 把动词变成名词。比如当后缀 –er 添加到动词 write、read 和 sign 后面时，其结果就变成了名词，并赋予了"实施动词行为的人"的含义。这里的名词 writer、reader 和 signer 就是从动词 write、read 和 sign 派生出来的。英语中派生形态学的另外一个例子是在形容词后面添加

后缀 –en，然后变成动词。比如当形容词 Soft 和 hard 后面添加后缀 –en 时，就派生出了动词 soften 和 harden。

　　中国手语中派生形态学的例子包括动词派生成名词，比如血液变成流血，还可以派生出合成词、手指拼写手势、数字合并、分类词谓语和手势者角度动词。在这些情况下，中国手语的较小单位可以放在一起构成另外较大的单位。动词派生出名词，一系列手指拼写手势变得看起来更像是一个手势，具有特定数量含义的手形合并成一个具有年龄、星期或月份意义的音节结构，一个运动词根和一个手形在一起可以形成一个分类词谓语，分类词谓语的位置提供了关于手势者角度的详细信息。

3.12.3　屈折形态学

　　屈折形态学不同于派生形态学。派生形态学讲的是如何形成新的语义单元，而屈折形态学讲述的是在已有单元添加语法信息的过程。比如在英语中，如果 –s 添加到名词后面，那么其结果就是复数形式——cats，dogs，books，这里 –s 就是一种屈折变化。另一个例子是 –s 添加到动词后面表示"第三人称单数"，如 walks、writes 或 signs，这里 –s 也是一个屈折形式。屈折变化把语法信息添加到语义单元中，他们并没有创造出新的语义单元。

　　我们已经了解了中国手语屈折形态学的两种例子，分别是"体"和主语宾语主语–宾语呼应。在"体"这种情况下，动词结构可以改变以表达出与动词意义不一样的内容。比如动词"坐"手势可以表示成 MH 结构的手势，但是如果其顺序变成旋转运动，那么其意思也就变成了长时间地坐。我们可以说动词"坐"就是屈折变化的。

　　动词结构的方向和位置还可以表示其主语和宾语信息。比如手势"给"就是为了主语和宾语而进行的屈折变化，而动词"告诉"进行屈折变化只是为了使用宾语。结构的方向和位置部分提供的是动词的语法信息，并没有形成新的语义单位。中国手语的语法信息是现有语义单位中提供的。

　　中国手语中无论派生过程还是屈折过程，与有声语言都有着根本区别，中国手语不会趋向于添加，与有声语言相反。中国手语趋向于改变基本结构（比如时间体），比如时间体，或者改变一个音节的一个部分，或者主语–宾语呼应等例子。

　　手语的同一部分通过派生和屈折而发生变化。比如中国手语的名词血液就可以用来派生出动词"流血"，也可以经过屈折变化来表达"长时间流血"含义。中国手语动词"检查"可以与手势"算盘"合并生成复合词"查账"，这就是派生变化。同样的动词"检查"可以经过屈折变化表示"长时间检查"的含义。

中国手语的有些构成部分经过派生变化和屈折变化后变成了语言的一部分。比如，手指拼写手势 #OK 的形成就是派生过程的结果，在中国手语中，它产生了新语义单位。同样的手指拼写手势也可以作为动词来使用，比如"他 QQ 我"或"我 QQ 她"这两句话就是如此。动词的位置和方向信息是屈折变化，因为它提供了动词的主语和宾语的语法信息。

习题

1. 请在新聋网《音乐家与狮子王》视频和中国手语动词有关的名词例子，以及与中国手语名词有关的动词例子，请各找出一例：

A. 视频中的名词

B. 相关的中国手语动词（可能不在视频中出现）

C. 视频中的动词

D. 相关的中国手语名词（可能不在视频中出现）

2. 请从日常生活中找出至少三种名词－动词组合的例子，要求名词－动词手势相关。

3. 下列表示的是中国手语中名词－动词组合，哪一组具有名词和动词的相关手势？

（1）旗子　升旗

（2）衣服　穿衣服

（3）树　种树

（4）领带　系领带

（5）烟　抽烟

（6）药　吃药

（7）笔　签字

（8）卡　刷卡

4. 下面列举了中国手语合成词的英语翻译，请写出这些合成词均由哪两个手势合成，然后描述这两个手势合成时发生了什么变化？

例子：

姐妹	女孩						
	M	H	M	M	H	M	H
变化		+C			+c		+c
形态学规则							
单个序列	M	H				M	H
		+C					+C
首次接触控制		H				M	H
		+C					+C
非惯用手意愿							Yes
音系学规则							
移动增音	H				M	M	H
	+C						+C
同化（"女孩"的其他可能手型，"同样的"方向，移动）							
结果	H	M	H				

（1）开关

（2）生意

（3）甘苦（比喻美好的处境和艰苦的处境等）

（4）山水（泛指风景）

（5）冰箱

（6）盒饭

（7）防盗门

（8）保温杯

5. 列举至少四个合成词的例子，在这些合成词最后一个手势必须是学生或者教师，比如：研究＋学生＝研究生

6. 新聋网《猎人逃亡记》视频提供了几个合成手势的例子，请找出来并指出是哪两个手势组合形成了合成词，以及相应的汉语翻译。

7. 新聋网《猎人逃亡记》中有很多手指拼写手势的例子。请找出其中的四个并用本单元介绍的八种变化术语（省略／添加、位置、手形、运动、方向、复制、

第二只手、语法信息）来解释其变化。

8. 用手指拼写方法来拼出自己的姓名并用八种术语描述其中的变化。

9. 请在新聋网视频

寻找涉及数字的三个例子，请回答下列问题：

A. 这三个手势是什么？

B. 这些手势指代的区域是什么：年龄、时间，等等？

C. 这些手势是数字合并的例子吗？

10. 请在下列每个句子中找出分类词谓语并指出其运动词根和手形词素类型：

比如：句子"我在房子前把车停下了"中，车是接触词根，整体词素

a. 我们坐在那旦，这个人走过去了。

b. 电话线上有五只鸟。

c. 书在桌子中间。

d. 一个人站着，另外一个人坐着。

e. 北京在这儿，而上海在那儿。

f. 从窗户望出去，我发现七架飞机排成了一行。

g. 一排有三个桩：一个很细，一个中等，另外一个很粗。

h. 从太空看，地球看起来很平滑。

i. 他用刀把芝麻酱从罐子里挑出来。

j. 玻璃杯突然变空了。

11. 新聋网视频中有很多分类词谓语，请找出并进行注释，然后描述其运动词根和分类词手形。

12. 从生活中找出两个动词例子，动词要包括主语 – 宾语信息。请问，它们是包括主语和宾语信息还是仅仅包括宾语信息？

13. 从新聋网视频中找出两个简单动词的例子。

14. 收集并注释你日常对话中包括限定词的四个中国手语句子并用汉语进行翻译。

15. 采用下列"体"的描述时，请尽可能多地找出日常对话中的动词和形容词谓语形式（要求有体屈折变化）。

a. 持续不断地

b. 有规律地

c. 长期地

d. 反复地

e. 匆忙地

16. 我们在中国手语中讨论的形态学过程包括名词－动词组合、合成词、主语－宾语呼应、体、手指拼写、外来词、数字合成、分类词谓语形成及其运用，数字合成的运用以及手指拼写手势作为谓语的用法。请把上述 11 种情况分别归类到派生形态学或屈折形态学中。

17. 请运用本章知识打出以下"安全"手势。

（1）遵守交通规则，安全第一。

（1）我没有安全感。

（1）孩子，路上注意安全！

（1）预防性病，建议使用安全套。

（1）驾车一定要系安全带。

课外阅读材料

Liddell，S. K. 1984. Think and Believe：Sequentiality in American Sign Language，*Sign Language* 60：372–399.

此书为美国学者 Liddell 对美国手语序列性的思考。

Liddell，S. K.，and Johnson，R. E. Forthcoming，*Aspects of American Sign Language Phonology*，New York：Academic Press.

此书介绍了美国手语音系学知识。

Lucas C.，and Valli，C. 1990. Predicates of perceived motion in ASL，In *Theoretical issues in sign language research*，vol. 1：*Linguistics*，ed. S. D. Fischer and P. Siple，153–166. Chicago：University of Chicago Press.

此文介绍了手势者角度的问题。

Klima，E.，and Bellugi，U. 1979. *The Signs of Language*，Cambridge，MA：Harvard University Press

此文介绍了手语里时间体的内容。

第四章　句法学

4.1　句法学定义

　　语言与其他交流体系最大的不同处就是其具有产出性，这也是语言最有趣的现象之一——采用有限的规则来生成无限的句型。即每种语言构成句子的规则是有限的，产生的句子数量却是无限的。语言的使用者一般约定俗成这些产出规则，并在此基础上生成很多新的句型。而其他初学者也通过这些规则来理解语句。

　　有时，本语言族群人员熟悉了解语言规则，却无法解释这些规则，但是他们可以发现或识别违背语言规则的句子和符合句法规则的句子。即使他们在使用语言的过程中犯错，但通常能够在使用过程中自我修正。由于语言使用者的能力和表现都存在差异，因此使用句法和表达句法也存在差异。语言使用者的能力之一就是使用句法规则（或者称为 syntax）来造句。另一个广泛使用的术语是语法（grammar）。我们要明白句法学结构相关理论总是在变化的。现有句法学理论包括（Noam Chomsky，诺姆·乔姆斯基）的最简理论（minimalist approach）（经过修订的最新句法学理论，始于转换生成语法句法，以及支配和约束关系），认知语法（Langacher，兰盖克，1987 年）和功能语法（S·C·Dik 迪克，1978 年）。本书中中国手语句法讨论的是基于里德尔 1980 年的手语句法学框架进行的。

　　我们在讨论中国手语的句子结构之前需要了解句子中特殊手势的功能。也就是说，这些手势是名词、动词、形容词还是副词？以及它们所属的词汇学范畴。

　　中国手语中大量手势具有非常相似的属性，我们可以利用这些属性进行词汇学手势的组织和分类。可轻易添加手势的主要词汇类别有四种，分别是名词、谓语、形容词和副词。还有一种次要词汇类别，在这一类别中，手势是受到语言中固有元素数量限制的，包括限定词、助动词、介词、连词和代词。

　　每个词汇类型都有一套独一无二的形态学结构（与粘着词素有关的手势位置，粘着词素可以用手势进行添加）和句法学结构（手势发生的位置，与同一个短语中其他类手势有关）。任何一个给定手势的两种结构都可以限定该手势的词汇学类型。下面我们将在中国手语的词汇学分类特点中进行解释。即使语言在词汇学领域中存在共同倾向性，而且在研究其他语言时采用的是有效策略，接下来的中国手语词汇学类型的描述与其他语言中的细节是不一样的。

4.1.1　主要词汇类别

4.1.1.1　名词

　　名词手势能够辨别实体，包括个体（像 #Michael Jackson、#LIU 之类的姓名手势）在内、地点（Beijing、#Tianjin、#Tangshan）和具体或抽象的事物（电脑、桌子和理论）。英语的很多名词通过在后面添加粘着词素 –S 构成复数形式（door/doors），但是中国手语和汉语一样，名词复数只能通过句法结构才能够进行表达。也就是说，与英语名词不同，中国手语没有粘着词素，可以添加到名词后面形成复数形式，也无法修饰名词。

　　为了表达复数概念，中国手语常用四种形式表达：

　　1. 将名词手势沿着圆弧划一圈，比如"人""公""共"手势，划一圈即可表示人民，这是中国手语最常用的形式。

　　这里列举手势图片，人、公（表示这些东西都是公用的东西）、共（表示这些东西都是共同的东西）。见图 4–1 所示。

　　2. 使用双手的运动形式表达名词的复数概念。比如车流、人山人海、群山环绕、很多树林、一栋栋楼房。

　　3. 用单手或双手以反复或重复的动作沿着毫无规律的不规则路径表示复数概念，一般重复 2–3 次，比如很多虫，很多花、沙尘暴。但是在中国手语里，大多数名词不采用这种形式。

　　4. 采用限定词（多、些、众）来表明名词的复数形式。除了第一种形式，采用限定词也是较为常见的中国手语形式。

　　中国手语中限定词和表示复数形式的名词的例子表达如下：

例 1：中国手语：$\overline{\underset{\text{多 车 ch 手形 –arc}}{}}^{\text{t}}$ $\overline{\underset{\text{还 新}}{}}^{\text{t}}$

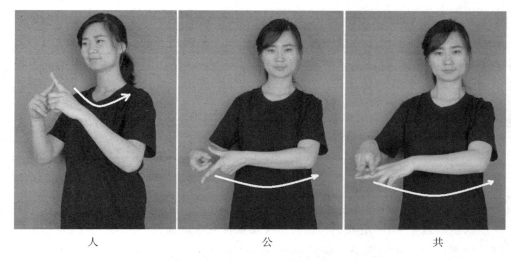

| 人 | 公 | 共 |

图4-1　"人""公""共"手势

汉语：好多车还很新呢。

在该例子中，句子宾语在谓语动词之前，通过在宾语上加上 t 表示。如未特别说明，其他例子也如此表示。

名词可以与限定词和形容词（描述名词的手势）来合并，如例 2，其中"限定词 + 名词"表示句子模板。

例 2：限定词 + 名词

$$
\begin{array}{cc}
\underline{\hspace{2cm} t \hspace{2cm}} & \\
\text{这个　女孩} & \text{心灵手巧} \\
\text{限定词　名词} & \text{谓语}
\end{array}
$$

同样的例子还有例 3 和例 4 中，"女孩 / 这个"是用双手同时做出来的，例 4 的"这个 –arc"代表圆弧运动，用以表示复数：

例 3：名词 + 限定词

$$
\begin{array}{cc}
\underline{\hspace{2cm} t \hspace{2cm}} & \underline{\hspace{2cm} t \hspace{2cm}} \\
\text{女孩 / 这个} & \text{心灵手巧} \\
\text{名词 / 限定词} & \text{谓语}
\end{array}
$$

例 4：名词 + 限定词

$$
\begin{array}{cc}
\underline{\hspace{2cm} t \hspace{2cm}} & \underline{\hspace{2cm} t \hspace{2cm}} \\
\text{电脑　这个 –arc} & \text{还　新} \\
\text{名词　限定词} & \text{副词　谓语}
\end{array}
$$

4.1.1.2　谓语

谓语是句中主语发出的动作或存在的状态，主语可以是名词，也可以是代词。

在很多语言中（包括中国手语），形容词和名词都有谓语的功能。汉语中动词是谓语的一部分，而中国手语里动词就是谓语，而不是谓语一部分。我们在分类词谓语中解释过，谓语可以由动词、名词或形容词构成，下面是中国手语中谓语手势的例子：

比如：他玩

这里玩是动词，表示的是主语他正在做的事情。

例1：

	t	
男孩	这个 –rt	家
名词	限定词	谓语

这里"这个 –rt"是限定词，表示需要重复几次以强调。手势"家"是一个名词，但是也可以充当谓语，前提是谓语的主语是名词时。人们称之为谓语名词或名词性谓语。在句子"他男孩"中，男孩是谓语名词的另一个例子。

例2：

	t	
这个	房子	黄色的
限定词	名词	谓语

这句中，手势"黄色的"是一个谓语形容词，因为它描述的是房子的颜色。颜色可以是形容词或谓语，具体情况视其在句子中所处的语境而定。下面的例子讲述的就是颜色作为形容词的句子：

例3：

	t	
黄色	房子	旧
形容词	名词	谓语

例4：

	t		
小	狗	这个	病
形容词	名词	限定词	谓语

中国手语里这种形容词"病的"与英语、汉语等语言一样，可以出现在名词前或名词后（形容词或谓语形容词），与美国手语略有差异，美国手语里手势"病"是作为谓语来使用的。美国手语中心理学、生理学和情感状态的词，比如"愚蠢的""搞笑的""健康的""快乐的""困惑的""不安的"都属于谓语，不能放在名词前面作为形容词，只能放在名词后面充当谓语。但是，身体属性形容词比如"高的""矮的""胖的""丑的"等手势都可以作为形容词使用，也可以当作谓语。此外在中国手语里，通常谓语本身表示正在进行的意思。如果表示过去时

态，只需将谓语手势后面添加"完成"的词素手势。而要表示将来时态，不能通过添加词素，而必须在谓语前面单独添加"将要"的手势。这与明显屈折形式的美国手语和英语是不一样的，英语是通过添加词素 –ing 来表示进行时态的，比如 sit/sitting，而美国手语里表示进行时的例子如下：

　　V+ 过程词素附带微小圆弧运动的手势"SIT"附带重复运动的手势"READ"

　　其中第一个例子表示"坐"的进行时需要用微小的圆弧运动来表示，而第二行表示"读"的进行时需要用重复运动来实现。由此可以看出，美国手语是在动词后面添加了进行时的词素来表示进行时态。

　　中国手语的另一类谓语是分类词谓语，我们早些时候已经讨论过，这类词包含运动词根和分类词手形。与中国手语名词不一样，进程状态和分类词谓语的变化发生在形态学领域，而不是在句法学框架里面。下面描述的是分类词谓语例子：

　　例 1：分类词手形 + 状态描述词素（2h）5–CL"一堆硬币"

　　这里主手运动表示"一堆硬币"，而辅手充当表面。

　　例 2：分类词手形 + 过程词素 1–CL"人在旁边走过"

　　这里主手运动表示所描述宾语的运动。

　　例 3：分类词手形 + 接触词素 CH–CL"车子位于（某地）"

　　这里当主手在一个特定位置时，则向下短距离运动，其运动并不代表它是运动的宾语，而是表达位于某地的概念。

　　谓语的句法属性之一是，它们可以与将、能、必须、可以、应该等助动词（详见助动词部分）合并使用，具体如下：

例 1：助动词 + 谓语

点头
————————————
将　吃　我
助动词　谓语　复制主语

例 2：谓语 + 助动词

点头
————————————
吃　将　我
谓语　助动词　复制主语

例 3：助动词 + 谓语 + 助动词

点头
————————————————
将　吃　将　我
助动词　谓语　助动词　复制主语

　　谓语的另一类句法构成是谓语可以在命令词或要求词的前面或后面出现，比如"请""走开""完了""看我""别介意"等。具体如下：

例1：（请）+Pred　请停下！

例2：Pred+（请）　停下请！

4.1.1.3　形容词

中国手语的形容词可以放在名词前面。无论是身体特点还是颜色都可以充当形容词，但是，出现在名词后时它们是可以作谓语的。在形态学框架下，其运动可以用强调的形式来表示形容词的程度：

例如：中国手语

```
                                        _____t
形容词 + 强调动作      这个-rt  非常-高 大厦，   我    告诉-他-rt  将
                     限定词   形容词   名词   名词   谓语        助动词
```

汉语：我告诉他这大厦将会非常高。

这个形容词属性可以在句法学框架里反应出来，具体如下：

```
                                          _____t
形容词 + 名词 + 限定词      高    楼  这个-rt，  我  告诉-他-rt   过
                        形容词  名词  限定词   名词  谓语        助动词
```

汉语意思：我已告诉他这是高个子男人。

4.1.1.4　副词

在中国手语里，副词可通过使用非手动标志（NMS）和特定运动的幅度和速度来表示，副词可以用来修饰形容词和谓语。但是在中国手语中，手势的传达状语功能这一特点通常直接合并到形容词手势或谓语手势的结构之中，下面的例子解释了这一现象：

```
形容词 + 强调动作            非常-高 大厦
                     形容词 + 副词  名词
```

这种手势表示副词"非常"时，需要配合手势"高"增强幅度或速度，此外还需要面部表情配合。

```
                       _____t
谓语 + 强调动作      大厦 这个-rt   太高了
                   名词 限定词   谓语 + 副词
```

这种手势表示副词"太"时，需要配合手势"高"增强幅度或速度，此外还需要面部表情配合。

$$\overline{\qquad\qquad}^{\,t}$$

谓语 +时间体　　　这个　　孩子　坐 –长时间
　　　　　　　　　限定词　名词　谓语 +助动词

这种手势表示副词"长时间地"时，不需要手势增强幅度或速度，只需要时间体变化，即手势来回旋转运动即可。

$$\overline{\qquad\qquad}^{\,t}$$

谓语 +非手动标志　　　这个 –rt 男人 驾驶 –小心
　　　　　　　　　　　限定词 名词 谓语 +副词

这种手势表示副词"小心地"时，不需要手势增强幅度或速度，只需要脸部表情配合。

图 4-2 表示手势"高"是用单手做出来的，主手以匀速从右肩膀前方向上运动。当主手以快速向上运动，增强运动幅度，同时配合夸张的面部表情，则这个手势可注释为"非常高"。

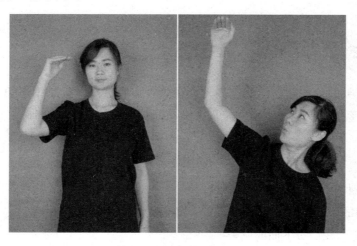

图 4-2　融入形容词手势后的副词意义

通常，在中国手语里表达副词时，更多的需要配合非手动标志，比如表达"小雨""中雨""暴雨"；"一些人""很多人""特多人"；"小雾""中雾""大雾"；"小心""更小心""非常小心"；"害怕""相当害怕""非常害怕（恐惧）"；"高""相当高""非常高"，等等，必须配合非手动标志，否则没法表达副词的精确含义。

副词还可以表示行为或事件发生的时间，比如"昨天""前天""大前天""以前的""过去的""历史的""两周前"，这些词总是出现在句子的开头。下面的例子表示的就是这种句法结构：

$$\overline{\qquad t}$$

副词 +名词 +谓语　　明天　我　　离开
　　　　　　　　　　副词　名词　谓语

其他副词还包括手势"不"和非手动手势"摇头"，它们也可以用来修饰谓语。摇头是形态学变化，可用例子表示如下：

$$\overline{\quad 不}（用摇头表示）$$

副词 +谓语　你　累

在句子中添加副词"不"就是一种句法变化，比如：

副词 + 谓语

你不累

手势"不"还可以当作谓语使用，通常放在疑问句里做修辞用途，比如：

你累，不

4.1.2　次词汇类

次词汇类的单词除了语法作用外，很少有实际意义，只是用来把一种短语与其他短语联系起来。这类词有限定词、助动词、介词、连词和代词。

4.1.2.1　限定词

我们在代词和限定词一节讲过，限定词总是与名词同时出现。限定词包括我的、我们的、你的、你们的、他的、她们的、都、很多、一些、这个（使用食指）、那个等。我们看下面的例子：

$$\overline{\qquad\qquad t}$$

限定词 +名词　　　　　　我的　孩子　病 –严重
　　　　　　　　　　　　限定词　名词　谓语 +副词

$$\overline{\qquad\qquad\qquad t}$$

名词 +限定词　　　　　　女孩　这个 –rt　CH–CL "开车"
　　　　　　　　　　　　名词　　限定词　　　谓语

		t	
名词　限定词	男人　这个 –rt	愚蠢	
	名词　限定词	谓语	

			t
限定词 +名词 +限定词	一些　商品　这个 –rt	不行	
	限定词　名词　限定词	谓语	

			t
限定词 +形容词 +名词	这个 –If　黄色的　花	假的	
	限定词　形容词　名词	谓语	

4.1.2.2　助动词

助动词在汉语也叫能愿动词，是表示可能、必要、必然、意愿、估价等意义的动词。例如：包括将、能、应该、必须、值得、可以等，在中国手语里，助动词位置很灵活，可放在句子任何位置，但放在句尾较多，通常出现在谓语之前或之后。助动词总是伴随其他动词或谓语出现，用来表示句子的时态信息和"体"信息。下列例子就表达了这种句法结构：

汉语：你必须把这个烧饼吃完。

　　　　　　　　　　点头
手语：谓语 +助动词　烧饼　吃完　必须
　　　　　　　　　　名词　谓语　助动词

助动词可以通过合并非手动标志的方式来添加词素。助动词可能、可以的概念通过以下方式来表达：

汉语：他很能吃。

　　　　　　　　　　眼睛睁大，唇部紧闭
手语：助动词 +非手动标志　他　　　　吃

4.1.2.3　介词

介词表示名词和谓语或代词之间的关系，汉语介词有：从、自从、于、沿着、随着、按照、经过、根据、为了、由于、因为、对于、把、跟、关于、除了、除非等。但在中国手语里这些介词手势更像汉语里的谓语，而不是介词。我们可以把这称之为介词谓语。中国手语没有针对这些介词制定单独的打法，而是借用其他常用的简单手势来表达同等意思，见图 4-3 所示：

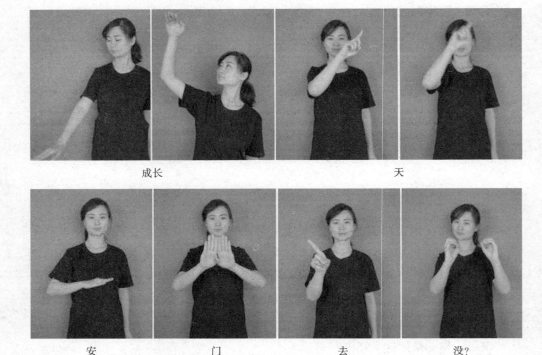

成长　　　　　　　　　　　　　　　　　　　　天

安　　　　　　门　　　　　　去　　　　　　没?

图 4-3　"自从"用作介词性谓语的例子："成长天安门去没"

汉语：我自从出生以来，没去过天安门。

手语：成长（指从小到大）天 – 安 – 门 去没。

$$\overline{\qquad\qquad\qquad}t$$

成长（指从小到大）天–安–门 去没
　　　　谓语　　　名词　　　谓语

汉语：请帮我把手机拿过来。

手语：手机拿

汉语：你根据什么来说我?

手语；说我凭什么

汉语：除了小明以外，其他都去旅游了。

手语：小明以外其他都旅游

汉语：由于天气原因，原计划爬山活动取消。

手语：天气不好爬山取消

分类词谓语和呼应动词也可以充当介词，而且通常情况下，介词之间的关系包含在分类词谓语结构或呼应动词中，这种形态学的用法如下例所示，其关系用谓语＋介词来表示：

$$\begin{array}{c}\overline{\qquad\qquad}\text{t}\end{array}$$

分类词谓语 + 从…到…   我 老师 Y-CL 从左边走到右边
                     限定词 名词 谓语 + 介词

此外，介词关系还可以用分类词谓语 + 分类词谓语来表示，见图 4-4 所示：

a 房子　　　b CP：房子$_{形状}$_在这里　　　c 树　　　d CP：树$_{形状}$_在那里

e 轿车　　　f CP：车$_{对象}$ + 房子$_{对象}$ + 树$_{对象}$_停

图 4-4　把轿车停在房子和树之间

汉语：把轿车停在房子和树之间。

手语：房子 5-CL：房子 _ 在这里树 L-CL：树 _ 在那里轿车 CH-CL：车 + 房子 + 树 _ 停

此外介词"在……"除了单独打出手势以外，常见的还有使用食指来表达在哪儿的介词概念。

汉语：我住在北京，他住在武汉。

手语：介词 + 名词　　我 住 这个-rt 北京，　他 住 那个-rt 武汉
　　　　　　　　　名词 谓语 介词 名词　名词 谓语 介词 名词

4.1.2.4 连词

中国手语中没有专门制定大多数汉语连词的单独打法，比如况且、何况、乃至等，但对于常用的连词，比如"和、等、因为、所以、不过、或、如果、不管"，则有单独的手势，便于聋人在日常生活中使用。

汉语：不管你说什么，一律都不对。

手语：
	你	说	什么	不管	都	错
	代词	谓语	名词	连词	代词	谓语

汉语：本书的作者有刘老师、李老师等。

手语：出书有刘老师李老师等。

汉语：因为我身体好，所以不常生病。

手语：因为我身体好所以生病没。

汉语：如果你不按时来，我就走了。

手语：连词 + 代词 + 谓语

$$\overline{\qquad\qquad}\text{条件}$$

如果　你　迟到，　我　　走
连词　代词　谓语，　代词　谓语

4.1.2.5 代词

代词是代替名词、动词、形容词、数量词、副词的词。可分为三类：（1）人称代词，如：我、他们、汝、吾辈；（2）疑问代词，如：谁、怎么；（3）指示代词，如：这、那里、此、如此。代词包括第一人称（我），第二人称（你），第三人称（他/她），我们－两个和他们－三个，它们都可以用作主语和宾语。在形态学框架里，有些数词可以合并成代词，比如：

例1：代词 + 数字我们－三个离开了。

这种合并代词的数量几乎没有上限。另外，代词也可以合并成呼应动词，这也是形态学结构的一种例子（我们在呼应动词的内容里讨论过这个问题）：

例1：呼应动词 + 代词你－给－我

句法结构中的代词还可以表示为：

$$\overline{\qquad\qquad}^{q}$$

代词 + 简单动词 + 代词　　你爱她

上述内容是主词汇类，我们在中国手语句子中会遇到这些现象。我们知道，中国手语与口语有着共同特点，但是在其他方面却有所不同。

4.2 使用简单动词的简单句

4.2.1 不及物动词

每种语言都有一定的句子结构规则。有些句子由主语和谓语构成，有些句子有宾语，而有些句子却没有宾语。语言学上把不接宾语的动词或谓语称之为不及物动词。中国手语中不及物动词的基本词序就是主语－动词结构。比如：男孩走了。在这种情况下，主语就是名词，也可以是代词。这里的代词通过食指指向某空间的方向表达出来，该空间已存在并指代第三人称，通常手势者的眼神还要伴随食指的指向而运动。

我们在早些时候讲过，有些中国手语谓语并不包含主语或宾语信息，这些谓语称之为简单动词。简单句的基本词序是主语－动词，但是中国手语的简单句却采用简单动词生成了两类其他句法结构，一类是主语－动词－代词，这里代词通过眼睛凝视来复制主语信息，表达如下：

凝视
主语 动词 代词

在下列句子中还可找到这样的例子：

凝视
男孩 走 代词（主语复制）

另一类结构是动词－代词,：

凝视
动词 代词

那么例句就变成了走了他，或：

凝视
走了 他

我们对这个结构假设已经设立了一个语境，就是我们在谈论一个男孩。

一种语言中每个句子都有基本的语言学意义结构。我们早些时候提到过，关于句子结构有很多不同的理论。一种理论是乔姆斯基理论，他说一个句子有基本的形式，深度的结构，其他形式的句子都是从基本的形式发展而来的。换句话说，附加的句子可以通过句子的基本结构按照一系列规则派生出来。这些规则就是转换生成，经过转换的句子叫"表面结构"。采用这个理论，我们来看这个句子：

凝视
男孩　走　代词

这句话是从深度结构句子"男孩走了"通过转换生成规则派生出来的。在这种规则下，代词可以指代主语，出现在句子末尾，同时要点头。其转换过程表示如下：

深度结构：男孩走了

主语代词拷贝规则：

凝视
男孩　走　代词

表面结构：

凝视
男孩　走　代词

另一种使用简单动词的简单句结构是：

动词　代词^{凝视}，与　走　代词^{凝视}一样。

在此情况下，深度结构还是"男孩走了"，只不过在转换生成表面结构时采用了两个规则：代词复制规则和主语省略规则，派生过程如下：

深度结构：男孩走了。

主语代词拷贝规则：

凝视
男孩　走　代词

主语省略：

凝视
＿走　代词

表面结构：

凝视
走　代词

目前中国手语对这种句子的语序没有一定的规定，该打什么语序由手势者自行决定，因此我们常见到名词主语紧随动词这样的语序。

4.2.2 及物动词

中国手语中很多动词都可以接宾语，我们把这类允许接宾语的动词称之为及物动词，其基本结构是：主语－动词－宾语，例句"父亲爱孩子"中的"爱"就是及物动词。但是，与不及物动词一样，简单及物动词用在句子中也可以采用不同词序。比如，在对话过程中，"父亲爱孩子"可以变成：

凝视

主语 动词 宾语 主语拷贝
代词　　　代词　代词

即

凝视

父亲　爱　孩子 父亲
代词　　　代词 代词

在这里，位于名词下面的代词表示第三人称，用于指代名词。所以下一个句型也是可以的：

凝视

动词　宾语　主语拷贝
代词　　代词

即

凝视

爱　孩子　父亲
代词　代词

4.2.3 主题化

主题化可理解为句子的某一名词性成分的移位过程。实现了这一过程，该成分就由原来的位置到达句首。目前对中国手语主题化的讨论还不充分。一般认为，句首是主题的常在位置。然而中国手语的主题研究到目前为止还不能说已经取得了共识，因为对于中国手语，（1）句首位置是不是句子的开头？它和句中位置的界线是什么？（2）句首位置可以有多少语言成分？如果不止一个，它们之间的关系如何？这些问题都还很难说清楚。至少从现有的北京手语、武汉手语语料来看，中国手语似乎是把句尾作为主题的常在位置。

汉语：我去北京大学打篮球。

$$\overline{\quad\quad t\quad\quad}$$
手语：我要去打篮球在北京大学

汉语：我要五本书。

$$\overline{\quad t\quad}$$
手语：我要书五

汉语：这本书换那本书。

$$\overline{\quad t\quad}$$
手语：这书和那书 换

这种结构可表示为主语 + 宾语 + 谓语（形容词）（名词）

对于多重话题结构，其形式规则可以表示如下：

主语 + 补语 + 宾语 + 谓语（形容词）（名词）

第一人称 + 第二人称 + 谓语（动词）

第一人称 + 第二人称 + 谓语（形容词）（名词）

汉语：很怀念咱们在一起玩三国杀的快乐时光。

$$\overline{\quad t\quad}\qquad\qquad\qquad\qquad\qquad\overline{\text{T+NMS}}$$
手语：我挺想你的，你和我们玩三国杀你的样子很有趣。

可以看到，最后翻译时，聋人使用了有趣这个手势，有趣这个词也包含快乐的意思，只不过有趣这个手语易学，有趣 + 表情就能表达出很多意思，挺有意思的，挺好玩的，好奇心，等等。同时，这种主题化需要通过特殊的非手动特征进行标记。

对此，有学者认为这种手语主题化的共同特点就在到达目的。

如：声明（我去打篮球）判断（我是不是去北京大学）到达（在北京大学）

如：声明（我想你）判断（你玩三国杀的样子）到达（很有趣）

如：声明（买电脑）判断（质量好不好）到达（不知道）

很明显这是一个类似 C 语言或 Java 语言等高级语言的结构，需要不停地判断知道满足条件判断后才可到达目的。

可见，"句首位置"是一个有弹性的模糊的位置，主题的性质和特征虽然肯定与它相关，但仅靠它来描述是不够的。特别是在中国手语里，它明显受到语用因素的影响，比如为了让句中的某个成分处于句尾并成为注意的中心，或成为对比的焦点。也就是说从主谓句派生出其他句子类型的过程具有明显的语用动机，这样就形成了主题化过程。

4.2.4 小结

本单元是对中国手语中简单动词简单句结构的基本介绍，这些内容可以归纳成以下五点：

1. 中国手语句型中采用不及物动词的基本词序是主语 – 动词；

2. 其他词序也是可以的，但是如果要把其他词序用于句型不是主语 – 动词的句子，必须通过某种形式标注。比如，如果主语通过代词重复，那么重复动作就与点头姿势和眼睛凝视配套使用；

3. 中国手语中及物动词句型基本词序是主语 – 动词 – 宾语；

4. 其他词序也是可以的，但是使用过程中，如果要把其他词序用于句型不是主语 – 动词 – 宾语的句子，必须通过某种形式标注。如果主语代词在动词后面出现或反复，那么就需要点头姿势和眼睛凝视来进行标注。如果宾语是句子的第一元素，那么宾语就出现在动词和主语前面，眼神要扬起来，头部倾斜，而且在句子剩余部分还没有表达之前要有短暂的停顿。

5. 主语 – 动词 – 宾语的基本词序在中国手语中并不是最常用的词序。

4.3 使用呼应动词的简单句

中国手语中很多动词的确包括主语和宾语信息，而且使用这些动词的句子结构与使用简单动词的句子结构是不一样的。我们这里讨论三种可能的句子结构。

1. 呼应动词简单句以及没有独立主语手势和宾语手势的简单句。对句子"我帮你"的注释就是这种结构的例子，可以用如下手势表示：

汉语：我帮你

手语：帮

这里的句子结构可以表示为：

主语 动词 宾语

这种结构表示主语和宾语信息都包含在动词里。

2. 需要单独手势表示主语的动词。比如句子"他告诉我"中的"告诉"就是其中的例子，该句子可以用手势表达如下：

_他 告诉 _我

这里的主语"他"可以用食指重复，而宾语"我"的信息就在动词的位置部分里面。还可以是表示主语的独立手势，这个手势表示强调或消除歧义，该手势也包含在动词里面。句子"你给我"可以表示如下：

代词 _你 动词 _我

3. 主语代词前面用动词表示强调或消除歧义，结构如下：

$$\overset{\text{点头}}{\text{主语 动词 }_{\text{宾语}}\text{代词}}$$

在所有三种句型中，基本词序都是主语 – 动词 – 宾语，其他词序也可以用，但是前提是必须用点头动作进行标记。

4.4 基本句子类型

在第二和第三节中，我们学习了中国手语词序的基本规则。本单元我们将学习中国手语基本句子类型，尤其要关注非手动标志在中国手语句法中的功能。中国手语共有五种基本句子类型，分别是疑问句，否定句，祈使句，主题化句型和条件句。中国手语还有陈述句（即句子传递的是指事信息）。作为一种句子类型，陈述句并没有像中国手语其他句子类型一样采用特定非手动标志来标注。

4.4.1 疑问句

4.4.1.1 一般疑问句

一般疑问句需要用是、不回答的句子，比如句子"你回家吗？"就是一个一般疑问句。一般疑问句的词序是动词放在主语前面（与陈述句词序相反），陈述句的词序是：小明在家。在汉语中，一般疑问句有固定形式，这与其他句子类型不一样。中国手语也如此，中国手语的一般疑问句没有特定的词序，但是却有非手动标志相伴随。当有人用一般疑问句提问时，其眉毛要上扬，眼睛要变宽变大，同时头和身体可以向前倾斜，或者稍微抬起头。或最后一个手势是保持（见图4-5）。

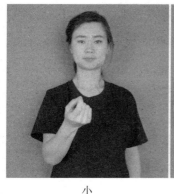
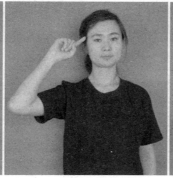

| 小 | 明 | 家 |

图 4-5 作为一般疑问句组成部分的非手动手势

我们用来表征一般疑问句非手动特征的常用符号是 q。下图表示的是一般疑问句的例子：

例 1：

汉语：小明在家吗？

手语：$\overline{\underset{\text{小明家}}{\overset{\text{疑问}}{}}}$

4.4.1.2 特殊疑问句

特殊疑问句需要用到疑问词，比如哪里、谁、何时、什么和为什么。例如：江老师在哪儿？什么时间下课？就是汉语中的特殊疑问句，通常用疑问词替换陈述句疑问的位置。当说话人用特殊疑问句提问时，句末通常要用降调。中国手语的特殊疑问句也包括手势哪里、谁、何时、什么和为什么，还需要加上一个特定的非手动特征。如果用特殊疑问句提问，那么提问者双肩微微提升，双眼要睁大眨眼，头部摆动，也可以把眼睛微微眯几眼，身体轻轻地向前倾斜（见图 4-6）。下图表示的是特殊疑问句的例子：

汉语：你从哪里来的？

手语：$\overset{\overline{\text{疑问}}}{\underset{\text{出生 哪儿}}{}}$

4.4.1.3 疑问标记确认

有时，中国手语的疑问句包括一个被注释为疑问标记的手势。这些问题经常

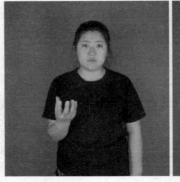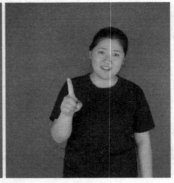

图 4-6　特殊疑问句

出现在手势者对他或她接收到的信息感到惊奇时，或是当手势者想要验证他人的说法时。疑问标记确认是一个手势，即用"是""一定""真的"一类手势加上内部运动（即摆动）。非手动标志是伴随着这个手势出现的，与一般疑问句手势相同（眉毛要上扬、眼睛要变宽，变大，同时头和身体可以向前倾斜）（见图 4-7）。例如：

汉语：你真的认为这次考试很容易？

手语：$\overline{考试\ 容易\ 真}^{疑问}$

4.4.1.4　反问句

我们正在说话或用手势对话时，要经常采用问句的形式，但是这并不表示我们说的话就是疑问句。我们使用的形式像问句，但是我们并不需要期待别人的回

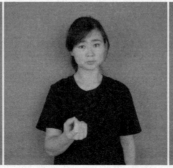

考试　　　　　　　　　容易　　　　　　　　　真

图 4-7　疑问加上摆头姿势的例子

答，这种句子就称之为反问句，其功能就是与说话人讲的内容进行联系，原因是这种句型看起来像是疑问句，但是并不发挥真正疑问句的功能，不会像特殊疑问句一样寻求答案。中国手语反问句的例证如下：

汉语：我累了，为什么？因为我晚上都用来搞学习。

手语：我 累 $\overline{\text{反问}}$ 为什么 学 整晚

除了为什么以外，中国手语的其他手势何时、谁、什么、哪儿也可以用于反问句。用于反问句的非手动特征告诉我们，这些非手动标志没有与一般疑问句或特殊疑问句相同的功能。很多反问句使用的是特殊疑问词，人们或许还认为反问句还可以用特殊疑问句的非手动标志，即双眼斜视，身体前倾。但是，用于反问句的非手动标志包括眉毛上扬，头轻轻地晃动或身体前倾（见图4-8）。因此即使形式是特殊疑问词的手势，但是非手动标志告诉我们，其功能与特殊疑问句是不一样的。

汉语：他为聋人做出了这么多贡献，难道不应该奖励他吗？

手语：他 聋 人 贡献 大， $\overline{\text{反问}}$ 奖励 不

汉语：你是谁？我知道你是演员

手语：你 谁 $\overline{\text{反问}}$ 演员 是

4.4.2 否定句

中国手语句子并不都是肯定句，有些手势者经常有机会使用否定句，这点和英语说话者一样，比如"这个男人不在家"或"他没法看到我"。把肯定句改成否定句的过程就是否定。在中国手语里，否定词"不""没有"等仍需要打出来，并配合特殊的非手动标志，包括双肩稍微提起。例如：

汉语：他没有回来。

手语：他 $\overline{\text{否定}}$ 回 没

汉语：你不在单位。

手语：单位 $\overline{\text{否定}}$ 你 不

如果出现眼睛睁大、脸部严肃等非手动特征，则是强调否定的意义。

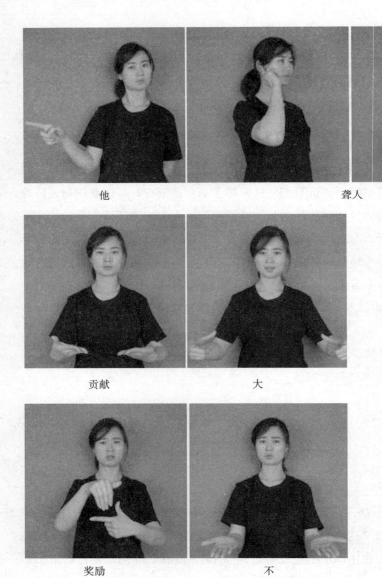

他　　　　　　　　　　　聋人

贡献　　　　　　　　大

奖励　　　　　　　　不

图 4-8　反问句例子

4.4.3　祈使句

人们用来下命令的句子与其他句型是不一样的。在汉语中，祈使句大部分情况下是没有主语的（转换生成规则省略了主语"你"的结果），比如："坐下！"或"过来！"就是无主语的例子。在中国手语中，祈使句的主语通常也要省略，或当作代词出现在动词之后。中国手语祈使句也有特殊的非手动标志，包括脸部要严肃，带一点点皱眉，有与对方眼神的直接交流，示例如下：

$$\frac{\text{祈使}}{\text{坐}}$$　这里的符号＊用来表示祈使句。

4.4.4　条件句

条件句表达的是正在讨论的主题依赖的条件。例如汉语句子"如果明天下雨，比赛就会取消"就是一个条件句。句子中词汇"如果"就表示条件。中国手语可以用手势"如果"来表达条件，但是在平时生活中很少见到聋人使用单独手势"如果"，并且非手动标志在中国手语条件句中的作用并不明显。如以下例子，这里中国手语就没有用到手势"如果"，而是使用陈述句来表达条件句的含义，而且也没有用到非手动特征。例如：

汉语：如果明天下雨，比赛就会取消。

手语：$\frac{\text{条件}}{\text{明天　下雨}}$　比赛 停。　要注意，句子的第二部分并非条件句。第二部分还可能是否定句、陈述句、疑问句或祈使句。

4.4.5　非手动标志的重要性

从以上可以看出，通常情况下用来决定句子类型的还是中国手语的手势，非手动特征有时不那么明显。这些与国外手语相反，这应该是受汉语大环境的影响。在少量句型里，句子手势可以相同，但是由于非手动标志的存在才使得句子类型有所不同。比如我们可以假设一下，手势句子"家你"，这两个手势可以出现在四种不同的句子之中，手势本身是一样的，而非手动标志则有所区别，见图4-9：

陈述句：$\overset{\text{点头}}{\text{家 你}}$

译为：你在家。

一般疑问句：$\overset{\text{疑问}}{\text{家 你}}$

译为：你在家吗？

否定句：$\overset{\text{否定}}{\text{家 你}}$

译为：你不在家。

祈使句：$\overset{\text{祈使}}{\text{家 你}}$

译为：在家！

图 4-9　每个句子的非手动特征在传递手势者意识的时候是很重要的

4.4.6　小结

我们这里已经知道句法中非手动标志有多么重要。很多独立的手势需要非手动标志的参与才能表达完整的意思，这些词汇手势包括："微笑、难过、愤怒"等之类的情绪动词，"非常、很"等表示程度的副词，等等，与这些独立词汇手势的音韵学结构有关。非手动标志在形态学结构中也是非常重要的，原因是这些信号具有独立的含义，可以附加在不同手势之中。比如，被注释为"快"且具有"快速的"含义的眼睛和唇部紧闭可以与很多不同的动词一起生成，比如动词"开车、学习、读书、走路、鞋子"。最后，非手动标志在中国手语对话中显得尤其重要，也就是说，语言使用的水平远在个别句子之上，非手动标志可以提示间接引语（reported speech）的用法，在话题转换和控制方面起着重要作用。因此，我们知道，非手动标志在包括音韵学、形态学、句法学、语义学和对话在内的中国手语句子结构中都是十分重要的。

习题

1. 请在新聋网视频中选出两个句子并加以注释，并解释选择的原因。手势和非手动特征指的是什么？一个句子从哪里开始，又到哪里结束？举例说明。

2. 在新聋网视频中找出手势者自我修正的例子。手势者是如何表示他或她进行自我修正的？

3. 用你对《雪橇的故事》的注释，辨别前五个句子中手势的词汇类别。

4. 请描述中国手语中使用不及物简单动词简单句的结构，要求越全越好。

5. 请描述中国手语中使用及物简单动词简单句的结构，要求越全越好。

6. 请描述中国手语中使用呼应动词简单句的结构，要求越全越好。

7. 请在新聋网任一视频中尽可能多地找出句子类型。必须找出陈述句、主题句、一般疑问句、特殊疑问句、反问句和否定句并进行解释。

课外阅读材料

下面列举的资料都介绍了相关语法：

Chomsky，N. 1965，*Aspects of the Theory of Syntax*，Cambridge，MA：MIT Press.

Dik，S. C. 1978. *Functional Grammar*，Amsterdam：North-Holland.

Jannedy，S.，Poletto，R.，and Weldon，T.，eds. 1994，*Language Files*：*Materials for an Introduction to Language and Linguistics*，6th edition，Columbus：Ohio State University Press.

Langacker，R. W. 1987. *Foundations of Cognitive Grammar. Vol. 1 of Theoretical Prerequisites*. Stanford，CA：Stanford University Press.

Liddell，S. K. 1990. *American Sign Language Syntax*，The Hague：Mouton.

O'Grady，W.，Dobrovolsky，M.，and Aronoff，M. 1989. *Contemporary Linguistics*：*An introduction*. New York：St. Martin's Press.

第五章　语义学

如果能通过教育，使所有的聋人变得能听会说，与常人打成一片，则手语真的没有存在的必要，但实际情形并非如此！失去听力导致不能言语、不能交流所造成的生理与心理的障碍是巨大的。无论当事人如何聪明、优秀及努力，都无法逾越听力障碍而获取完整的有关声音的信息。聋儿要能听会说，需要金钱和人力的投入，需要助听设备帮助，需要艰辛漫长的康复训练。即便具备这些也不能保证每个聋儿都可以康复到能听会说，还与听损程度、康复年龄、生理条件、文化背景、金钱时间等多方面因素相关。但聋人学会手语，几乎可以不教就会，就像健听人在自然口语环境中习得口语一样，还像春天草木返青，自然又平常。至于倡导健听人学习手语，不是要学得多么精深，重要的是通过手语的学习而加深对聋人的认同感，方便和聋人沟通，构建和谐社会。

5.1　手势的意义

语义学是研究单词和句子意义的一门学科。截至目前为止，我们已经研究了中国手语的音系学结构，即运动与保持、手形、位置和非手动标志，这些基本单元构成了手势。我们还了解了这些组成部分是如何构成新的单元，即语言的形态构成单元。另外，我们还研究了这些单元是如何组合形成句子。但是，使用语言进行交流不仅需要音系学、形态学和句法学知识，还必须掌握语义体系。语言的使用者必须掌握符号及符号组合的确切含义。语义学就是研究在一定规则控制下语言构成语义的科学。

5.1.1　确定语义

我们如何知道一个手势的具体含义？当看到一个手势者生成手势"猫、房子或思考"时，我们如何通过运动、手形、位置、方向和非手动标志的组合来理解手势者要表达的意义呢？要找到答案，我们需要回顾第一个问题，即交流体系和语言的共同特点，由一个语言群体共同拥有。一种语言或语言变体的使用者可以决定运动、控制、手形、位置、方向和非手动标志（尤其是特定手势）的已知组合所表达的意义。

语义由特定使用人群决定，那么中国手语的语义由使用中国手语的群体成员决定。对其他人群来说，即使这些特点的组合方式相同或手势相同，其语义也可能不一样。比如中国手语中注释为"发短信"的手势特点组合与 ASL（美国手语）注释为"付钱"的手势特点组合一样（见图 5-1），注释为"不"的手势特征组合与美国手语注释为"害怕"的手势特征组合相同。同样，意大利口语中阴性复数定冠词 LE 的音素组合类似于爱尔兰口语 WITH 的音素组合。

全世界的语言使用者通常都把书面语词典当成单词和手势的明确来源，但是，我们要记住，编纂词典的人都是把人们实际运用中的单词和手势进行仔细观察后才确定其定义的。尽管这些定义可能反应出手语的语言学结构，但是手语词典的定义是唯一的，所以多数情况下，这些定义似乎是必要的双语定义。也就是说，除了提供手语符号库以外，手语词典还提供主要人群使用手语的书面注释。斯托克编纂的《美国手语词典》是个特例，因为它没有提供英语注释的字母表顺序，而是提供了位置、手形和运动参数。中国聋人协会主编的《中国手语》的问题是

图 5-1　同一手势在不同手势环境中可能具有不同含义

同样的手势可能具有不同的汉语注释，或者不同手势可能具有相同的汉语注释。所以手势的意义与其注释并不完全一致。

5.1.1.1 语义类型

研究人员已经证实了语言具有三种不同的语义，即，指示语义（referential meaning）、社会语义（social meaning）和情感语义（affective meaning）。

指示语义

指的是通过手势或句子来描述的一种想法、一个事物或事件的一个状态。比如：手势"猫"指的是一种四脚哺乳动物，长着尾巴和胡须，等等。而手势"上海"的语义则是中国沿海的一个城市，东接东海，北接江苏省，南接浙江省等等之类。这样的描述就是手势的指示功能。

社会语义

手势和句子还提供与手语使用者社会背景有关的信息。比如：手语的特定选择可能反映这个人的社会地位、性别，或者他是北方聋人还是南方聋人，或者他是汉族人还是少数民族。这就是能通过语言学符号传递的社会语义。

情感语义

情感语义可以反映手语者与某条信息有关的感情、态度或观点。它可以通过单独选择的手势和句子结构来传递相关信息。比如手势者描述与其工作伙伴进行的对话，该工作伙伴谈论了她的工作。一种表述方式可以说成："刘春教授向我解释了她那非常棒的手势识别研究，"而另外一种方式可能是："刘春教授又在向我夸耀她那枯燥无味又老掉牙的手势识别研究了。"这两个句子都表达了同样的基本信息，即刘春教授在谈论她的工作，但是，手势者对刘春的态度是完全不同的。第一句话中的单词"解释"和"棒"传递语义是对刘春所说的话赞赏；而第二句中的单词"枯燥"、"老掉牙"和"又"则清晰表明，他对刘春教授所说根本不感兴趣，对她的工作持否定态度。两句话的不同语义就是情感语义的差别。

5.1.1.2 外延及内涵

手势或句子的指示语义通常称之为外延，而社会语义和情感语义则是内涵。它们的区别可以通过中国手语中被注释为"中国"的两个手势来说明。手势"中国"以中速直线完成直角运动，可以代表国家的名称，且具有完全中性的内涵。但是如果手势的形式是以缓慢速度完成曲线运动，同时伴随着微笑的面部表情，不仅代表了国家的名称，还表明手势者完全了解这个手势的背后信息，即表示中国的历史传承和特色文化——旗袍，反映了手势者对中国民俗的热爱和赞美。这就是其社会内涵。

5.1.2　词条（Lexical Items）之间的关系

一般语言的使用者都清楚其语言的音韵学、形态学和句法学规则，也明白很多独立单词或手势的意义。将中国聋人熟知、经常使用的单词、词汇或手势收集起来按某种顺序排列并加以解释供人检查参考的工具书称之为中国手语词典（lexicon）。在这样的词典中每一个单词或手势就是词条。语义学的一个领域就是研究词典中词条之间可能的语义关系。这样大量而不同的词条关系可能同时存在，包括：上下义关系、部分或整体关系、同义关系、反义关系、反向关系和隐喻关系。下面我们会对这些关系进行简单介绍。

5.1.2.1　上下义关系

我们来看看中国手语中手势蓝色、红色、黄色、绿色、橙色和紫色，便很容易发现这些都是与颜色有关的手势。"颜色"的指代物包括上面列举的所有手势，还有很多其他颜色并不在其中。每个独立颜色的手势都与手势"颜色"具有语义关系：手势"颜色"是一个包含性术语或者说特指类别，每个独立颜色的手势意义都包含在手势"颜色"之中。独立颜色的手势是下义词（hyponyms，其中前缀 hypo 为"下面"之意），而手势"颜色"是上义词（hypernym）。另外一个例子是上义词"手语"，它包括了下义词中国手语（CSL）LSF（法国手语 French Sign Language），LIS（意大利手语 Italian Sign Language）和 LSQ（魁北克手语 Quebec Sign Language）。

5.1.2.2　部分与整体关系

手势之间的另外一个语义关系是在手势"手"和"胳膊"中发现的。这个不是上下义关系，因为手不是胳膊，只是胳膊的一部分，所以手势"手"的所指就包含在"胳膊"所指之中。也就是说，胳膊包括手。我们也能通过单词音系学和语言学的关系发现这样的例子，因为音系学也是语言学的一部分。手势语言学的意义也包括手势"音系学"的意义。

5.1.2.3 同义关系

如果两个手势"指代同一事物",我们就可以把它们描述成同义(synonymous)关系。当我们说两个单词或手势"指代同一事物"时,大都是指它们具有同样的指示意义。比如很多使用北京话的人会认为猪耳朵和蜜麻花指代同一事物,或者投影和幻灯包含同样意义。但是,具有相同指示意义的单词或手势往往包含不同的社会或情感意义。比如汉语严惩不贷和绝不原谅、诉讼和打官司指的同一个意思,但严惩不贷、诉讼等一般用于相对正式的场合,比如公文等书面语,而不会用于非正式的场合,除非人们就正式或非正式本身开个玩笑。在中国手语里,以H手形从耳朵到下巴运动所表达的意思与以I手形,即小指张开,其他手指闭合的手形从耳朵到下巴运动表达的相同,都代表了聋人的含义,表达了听力状态同样的基本指示意义。不过,这两个手势却具有不同的社会和情感含义。前一个表达的是中性含义,而后一个则还具有不文明、不雅之意,而且其定义受到严格限制,人们认为只有聋人才可以采用这个手势,一般情况下手语非母语的听人使用这一手势是不合适的。因此,这两个手势看起来像是同义关系,也在同一个层次上,实则在另一个层次上,它们并不是同义关系。

在中国手语中,我们通过比较厕所和#WC、肯德基和#KFC、取款机和#ATM这些手势对还发现了另外一个有趣的现象。手势对的其中一个代表着一个词汇手势,而另一个则是词汇化拼写。表面上看是同义词,然而如何描述出来则依照使用的具体情况而定。中国手语里还有一种特殊的书空现象,比如名和#名、长和#长、明和#明、电和#电。人们尽管对此还没有进行研究,但是为了强调,我们可以选择使用拼写手势进行表达。这点再次证明了手势对从指示的角度看起来似乎是同义词,但从表达层面上看并非如此。

5.1.2.4 反义关系

反义描述的是具有相反意义的手势之间的关系,这是一个二元关系,只能描述同一时间两个手势的关系。手语中存在两个基本类型的反义,即可分级反义和不可分级反义。手势"大"和"小"是一对反义词,我们很容易看到"大"和"小"的相关概念是相对的。比如,在蔬菜领域,黄瓜比豆子要大,但是比南瓜要小。这样可分级反义就能表达出概念对指代的层次。虽然"大"与"小","困难"与"容易"是一对反义词,但是事物却是有大有小,有难有易的。汉语词汇"活"

和"死"与中国手语手势"活"和"死"被认为是不可分级反义。一个人要么是死，要么是活，并不存在两者兼顾的现象。但应该指出的是，无论是汉语还是中国手语的使用者有时使用的就是不可分级反义，把它们似乎当成了可分级反义，犹如汉语中的"半死"或"生不如死"的表达，中国手语也有一样的情况。

人们关注的是语言呈现可分级的方式。比如在汉语中，规模的程度（大或小）可能通过添加副词表达出来，即加上更或最，这样变成更大的或最大的，或使用独立的完全没有关联的词汇术语表现出来—比如巨大，庞大、中型等等。在中国手语中，如果使用的目的是为了表达意义的层次，那么手势者遇到的首要问题可能是"我究竟在谈论什么"，表示物体、地方、或人的体型大小通常用分类词谓语来表达，即用分类词谓语的单元（包括不同手形、运动词根）用来表达不同实体。比如用于表示汽车大小的分类词谓语可能视描述汽车的实际大小而有所变化。选择描述豪华汽车的手形与小型汽车（比如大众的甲壳虫汽车）的手形是不一样的，见图5-2。表征厚书的手形与薄书的手形也是有差别的。

特定的分类词手形可以与特定非手动标志同时使用，紧闭嘴唇可与表征较薄物体的手形一起使用，而鼓起双颊可与表示大型物体的手形一起使用。除此之外，人们还可能用所选的分类词谓语来表示层次级别。比如手势者可以选择特定分类词手形来描述豪华汽车，但是豪华汽车的大小则因手势终止位置的变化而不同。通常情况下，手势从双手接触或靠近开始，然后彼此分离。而实际分离的距离则表示了豪华汽车的相对尺寸（通常还伴随非手动标志的使用）。通过改变手势结构的体就可以描述分级程度，本案例手势结构的体包括位置和非手动标志。

加长 CH 手形

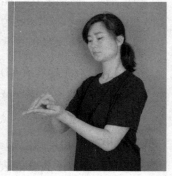
甲壳虫

图 5-2　分类词手型变体的例子

半淹　　　　　　　　　　　　　　　　　淹没

图 5-3　词汇学手势中的分级实例

这个例子也适用于词汇学意义上的手势。比如中国手语中要表达"半淹"的含义，可先生成手势淹，但是生成的最后手势位置要比手势引用形式生成的最后位置更接近于初始位置。可见其层次不是通过添加一个全新的手势来表征，而是通过对现有手势的某些特征进行变化来体现的，见图 5-3。

就这一点而言，我们再看看中国手语手势"好"和"坏"，是一对反义词，它们的音韵形式明显关联，都是保持 - 运动 - 保持结构，而且方向和位置也一样，其意义的区别在于手形不同。在汉语中，"好"和"坏"也是一对反义词，但是，它们的具体音韵形式完全没有关联。这样的情况在中国手语里还有很多例子，比如上下、早上晚上、光荣羞耻、前后、高低等，每组词汇所表达的意思是相反的。很显然这些反义关系是通过其形态变化过程来体现的，因为手形或手掌最终方向的变化具有改变手势意义的功能。但是，我们却并不清楚形态变化过程是如何形成的，也就是说，反义词的新词组形成时，汉语中的这些反义词组和中国手语中的反义词组的差异是什么？

5.1.2.5　反向关系

手势或单词的另一个语义关系被称之为反向关系（converseness）。它与反义关系类似，而且可以在手势"妻子"和"丈夫"看到。如果 A 是 B 的丈夫，那么 B 就是 A 的妻子，所以"妻子"就是"丈夫"的反向意义词汇。中国手语的其他例子还有下列词组：教师和学生，伯母和侄女。与反义词一样，汉语单词"妻子"和"丈夫"彼此之间并没有严格的相似之处。但是，在中国手语中，很多具有反向关系的成对词组符号在音韵学上似乎存在着一种相似关系。比如，妻子和丈夫都是合成词，都由女性与结婚，男性与结婚结合而成，而且它们的构词形式也非常相似。同样，在中国手语中，"将军"和"士兵"也可能是来源于附加词缀过程，在这个过程中，一个具有初始意义的手势"军"的形式被附加在第一个手势后面。同样，"姐姐"和"妹妹"也具有同样的结构，通过类似的手掌方向在同一个位置生成，它们仅仅是手形不同而已。这些再次证明在中国手语中，具有语义关系的手势也可能存在同一个音韵关系。

5.1.2.6　隐喻关系

中国手语里手势姐姐和妹妹的位置特征给我们带来了单词和手势的另外一种意义关系，我们称之为隐喻关系。隐喻关系一般定义为单词或手势概念的延伸，在描述所指事物时超越了其初始意义，这种事物本身与单词或手势初始指示意义类似。以汉语词汇"头"（指示意义是动物身体的顶部部分）为例，我们可以在汉语短语班长（班头）或工头的词汇"头"中找到这样的特征，词汇"头"的意义被延伸开来，它不仅仅表示动物身体的顶部部分，还可以指其他事物的顶部。

在拉考夫和约翰逊撰写的《我们赖以生存的隐喻》一书中，隐喻意义被分为三种，分别是：空间隐喻、本体隐喻、结构隐喻。空间隐喻可以通过空间信息来传递隐喻意义，比如，很多语言中都有"上"一词，它是与积极意义有关的概念，而"下"的概念则与消极意义有关。在汉语中，可以通过上等、上流、上升这些词汇体现出来；相反下等、下流、下降体现的则是消极意义。我们认为中国手语也存在着空间隐喻。我们可以在手势好和坏、欢乐和沮丧、高等和低等中看到这一现象，在这组手势中，手势"好"、欢乐、高等的运动是向上的，而"坏"、沮丧、低等的运动是向下的。中国中手势的上下运动体现的是存在与否的隐喻，这与手势高等和 低等的隐喻意义一样。

2000 年，Sarah Taub 研究了手语的隐喻，发现手语的隐喻和像似性有着较强的联系。隐喻是使用体验的一个域，从具体域描述或推理出抽象域的意义，手语中分类词谓语的象形性系统包含运动、位置和手形，它们能够用来对抽象情境进行隐喻性描述。Taub 解释了其原因，他认为手语的隐喻涉及到双映射，也就是说，从具体到抽象的映射，从表征抽象的具体图像到手语形式（包括手形、位置、运动、手掌方向和非手动信号）的映射。ASL 隐喻 analysis is digging 就展示了这种双映射："DIGGING"是"ANALYSIS"抽象概念的隐喻，在 ASL 中，这种隐喻用中间位置通过两个弯曲 V 手形的振动向下动作来体现。这种隐喻的双映射在手语里比较广泛。

本体隐喻把抽象的实体、状态和事件当成具体事物来描述。比如在英语中，人们谈论从沮丧状态中走出来，或陷入沮丧，似乎把沮丧的情感状态当成一种有形的位置。同样，他们谈论解决问题或形容很忙时，比喻成"感觉在水中一样或仅仅把头部露出水面的状态"。在所有的这些情况里，抽象的情感状态都被描述成具体位置或具体事物。ASL 也具有这样的本体隐喻。比如手势者通过被注释为 FALL–INTO 的手势来表达其对某个学术领域强烈感兴趣，也就是通过弯曲的 V 手形手势迅速向下运动移动（这个手语的基本手形是 B 手形）来完成隐喻。因此，他们可以把感兴趣的领域描述成人体能够通过身体移动进入的位置。同样，在进行讨论时，手势者可以用 C 手形向 S 手形靠近的手势来表示自己坚持的观点。这种手势与用来握住各种实体的形式的分类词手形非常相似。所以在隐喻用法的案例中，手势者把观点当作身体能握住的实际事物来表示。

最后讲述的是结构隐喻，结构隐喻把一个概念用另外一种更加具体的概念来表示。英语中有个非常普遍的表达，那就是"时间就是金钱"，在这个表达中，时间这个抽象的概念以一种具体的事物来体现，它可以被节约、被浪费、被花费等等。在手语中，时间的抽象概念可以用类似的方法来表达，也就是说，花费的时间可以用同样的分类词手形来表示，这种手形是用来表示像水或纸张等具体物质的消耗。

中国手语中经常使用的一类隐喻与位置有关。太阳穴这个位置通常与表达思想活动的语义相关，这些手势有意识、思维、认识、概念、想念、思想等。同样胸部位置的语义与心理有关，手势有心理、兴奋、难过、生气、担心、犹豫等。即使是同一个位置，手势的内部特征之一——手形也影响着手势的语义。这些手势的位置应被认为具有隐喻意义，因为目前尚无本身具有否定或感情色彩的实际位置，而是通过手势者的手势与这些意义联系起来。我们不能说这些位置就是词素，因为它们并不总是与这些意义有关，而且这些手势的位置也不能被替换其他词素来改变这些手势的意义。它们更像是英语中的发音符号，即像 lump、stump、hump 和 bump 等之类的成组单词，它们都有 UMP 的发音。英语使用者认为 ump 的发音有"沉重和厚重"之意，但是我们不能说 UMP 就是英语的词素。

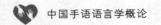

5.2 句子的意义

5.2.1 词序及其语义功能

我们已经知道单独的手势可以代表一定意义。现在要讨论的是句子如何体现意义。不少人认为句意仅仅是通过把句子里所有手势的意义叠加即可，这种理解显然不够。请看中国手语的两句话：

猫追狗。

狗追猫。

这两句话的意思是不同的，其表达区别在于手势出现的顺序不一样。因此，手势顺序或词序在决定句子意思时是非常重要的因素。另外句子里每个手势的相对语义功能也很重要。通过手势的语义功能，我们可以知道谁对谁、和谁或为谁，做了什么。语义功能指的是动作实施者、动作接收者、体验者、动作工具和动作原因。比如上面第一个句子里"猫"就是动作实施者，行为的发出者用动词来描述，"狗"就是动作接收者，它是"猫"发出动作的接收者。第二个句子中，同样的手势却具有相反的语义功能，"猫"变成了动作接收者，"狗"是动作实施者，这句话表明，了解手势的语义功能在理解句子意义中是非常重要的。同样，在句子"小明喜欢披萨"中，小明是体验者。他没有真正做出任何动作，也没有接受任何动作。他只是体验了其身体或心理的感受。在汉语句子"这钥匙打开了门"中，单词钥匙的语义功能就是动作工具。这句话的手语版本表示如下：

$$\overline{\quad\quad\quad t \quad\quad\quad}$$
门 钥匙 数字1–CL:开门

在这个例句中，我们发现工具的语义功能通常通过分类词谓语（classifier predicate）的分类词手形来实现，同时还伴随着工具的手势。

我们最后讨论的语义功能是动作原因。在句子"龙卷风毁坏了树林"中，龙卷风的语义功能就是动作原因。这个句子的手语版本表示如下：

$$\overline{\quad\quad\quad t \quad\quad\quad}$$
龙卷风 树林 毁坏

和汉语句子一样，手势"龙卷风"充当的语义功能也是动作原因。

5.2.2　虚词或功能词素

我们理解句子意思的另外一种方式是语言中的虚词（Function words）或功能词素（Function morphemes）。虚词或功能词素体现了句子的时态、体（aspect）、参照物和指示语（deixis）。在口语中，时态经常通过附在动词后面的粘着词素表现出来，比如英语的过去时态标记 –ed。时态还可以通过独立的词汇标记比如 last night 或 next year 体现出来。犹如我们在"时间"这个章节理解的一样，中国手语的时态常常通过句子中独立的手势表示出来，也可能通过手语空间中身体部位和手部位置来得到体现。比如手势者可以通过轻轻往后靠向一边来讲述更早发生的事情。

手语中的"体"与动词的动作方式有关，这点与我们在"时间体"章节讲述的一致。在口语中，"体"可以通过粘着词素或独立词汇来表示。中国手语的"体"通常是通过改变手势的基本结构来表达，比如手势坐 – 长时间就与手势坐的手形和手掌方向相同，改变的只是位置。

参照物反映的是名词短语及其指代物之间的关系。比如汉语句子"那个人真傻"和"有个人很傻"表达的是不同意义，其区别是由于限定词的功能不一样造成的。手语也一样。下列句子的意思各不相同：

人 / 那个 傻

人 傻

我们在"代词和限定词"部分学习过，限定词表达的是"特定人物"与"非特定人物"相反的意义。

指示语（源于希腊语动词 deiktikos，"所指"）体现了物体和事件的方向或位置，表明参照物的实际位置。比如教室里的老师指着黑板上的问题问学生："你们对此还有什么问题吗？"这其中的代词"你们"就是人称指示语的例子（大都是人称代词），这里指学生。而"此"就是空间指示语，要明白这点，学生必须要明白其所指（比如黑板上的问题）。第三类指示语是时间指示语，指的是即时行为和事件的位置或方向，通过独立词汇或粘着词素（与我们在英语中讨论的时态类似）来体现。无论是口语还是手语，指示语都非常复杂。在中国手语中，我们很容易看到各种各样关于指示语的例子。我们已经讨论过了人称代词系统中的人称指示语。当手势者在对话过程中提到地点、人物或物体并在空间对其进行定义时，随后用食指或者用眼神，或手势加上眼神辅助来指代的就是刚才提到的地点、人物

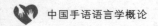

或物体。这就是空间指示的典型案例。时间指示是通过独立词汇，可能还加上身体部位和手部位置来完成。

5.2.3　上下文语境

即使我们已经知道了句子中所有手势的意义，了解了所有手势的语义功能，也能辨别虚词或功能词素，但是有时候仅仅凭借这些来弄清一句话的含义还是不够的。通常情况下，物理语境和社会语境在帮助理解句子意思方面起着核心作用。谁在说这个句子、他或她与看到或听到这句话的人物之间的关系如何、句子在什么情况下产生的。比如，在英语句子"It's hot here"中，通常被理解为要求某人打开窗户。单词本身与窗户或打开窗户没有半点关系。既然句子本身与提到开窗没有关系，那么其意义必定来源于上下文环境。句子在此环境下才能产生句意。手语中也能产生类似的句子并产生相应效果，所以清楚表明句子的上下文环境在理解手语句子的意义方面显得十分重要。

理解句意时，研究句子上下文语境的语言学领域被称之为语用学。在基本概念部分，我们认为使语言区别于其他交流体系的原因就在于一个句子可能含有不止一个句意。造成这种情况的原因在于物理和社会语境决定句意得作用。以下面的手语句子为例，

疑问

家　你

通过请求信息使其变成了一般疑问句。

但是，即使这句话没有提到开车或家的概念，也可能是老板对员工的抱怨，因为员工离开时间太早了，但是这句话有可能表达的意思是开车回家。究竟取哪一个句意很大程度上取决于其使用的语境。因此我们知道，一句话所表达的意思远比将手势或单词简单叠加的意义数量还要多。

习题

1. 请找出中国手语中能描述外延与内涵区别的例子。

2. 请指出中国手语中表示下列意义关系的其他例子。

A. 上下文关系

B. 部分 / 整体关系

C. 同义关系

D. 反义关系

E. 反向关系

F. 比喻关系

3. 找出一个中国手语句子中词序改变句意的例子。

4. 找出一个中国手语句子上下文环境决定不同含义的例子，并解释何为不同语境，不同句意又是什么。

课外阅读材料

"The Study of Meaning," by William O'Grady，Michael Dobrovolsky，and Mark Aronoff（1989）；pp. 374−388

第六章　社会手语学

6.1　语言变体与历史变迁

当我们研究一门语言的时候，不仅要看其结构，包括音韵学、形态学、句法学和语义学，还要理解其用法。每天人类都在各种场合使用语言来沟通事情、表达情感。1984 年社会语言学家拉尔夫·费索尔得（Ralph Fasold）就指出，当我们使用语言彼此传递信息时，我们也用语言来表示其社会背景。换句话说，我们用语言弄清其社会特性和文化特性，表达自己的群体文化，解释自己与他人的关系，还可描述我们所处的事件背景。所以语言具有不同的功能：交流功能和社会功能。

人类学家戴尔·海默斯（Dell Hymes）介绍过交际能力（communicative competence）的概念。他在 1972 年的论述中说道，当一个人了解了一门语言的时候，他或她就知道了如何使用语言的形式，也知道了其音韵学、形态学和语法学特征，还知道了如何让语言表达更加得体。这就意味着，人们已经懂得了如何采取合适的方法开始或结束一次对话，用什么样的语言来表达请求或道歉，以及如何针对不同社会背景采用不同语言形式，等等。当语言使用者本身具备了沟通能力时，他或她就知道了如何使用语言的交流功能和社会功能。

社会语言学就是研究语言和社会结构相互关系的科学。社会语言学家研究语言的变体、语言之间的联系、语言规划和原则、语言态度、语言与社会互动的关系，还包括谈话的结构。本部分我们会对社会语言学的三个主要部分做个简单介绍，包括：语言变体、话语（discourse）、双语和语言接触。

6.1.1　语言变体

语言变体指的是采用不同的方式来讲述同一件事情。关于语言变体的最早研究集中在语言的地域变体。即使一个地域的人与其他地域的人使用同一种语言，他们的表达方式不同；即使说同一种语言的人们，表达习惯也不一样。比如中国汉语口语词汇就有明显的地域差异和习惯差异。有些人使用糖耳朵，而其他人则说蜜麻花，还有人说甜麻花；有人说冰棍，也有人说雪糕或圣代；南方有人把鞋子说成"孩"发音，山西也有人用剔尖或拨鱼来指代面食；有人说丈夫，也有人说老公，先生、爱人等凡此种种，不一而足。

在语言的音韵体系中也可以发现语言的地域差异，这些差异主要体现在发音的地域口音上。比如老北京人讲汉语时带有儿化口音，上海人则带有嗲的口音。这表明在说话人的音韵体系中，是按照一定方式固定进行的，这种方式有别于其他人的音韵体系。武汉人在发"牛"和"刘"时会读成"刘"，他们发音时不会把卷舌音 r 读出来，把"日"读成"立"，这与成都人发音不同。而且音韵体系和句法体系中也可能出现差异。

语言变体并不局限于地域变体，还有包括社会变体、种族变体、性别变体和年龄变体在内的其他变体。比如处于同一社会的不同社会经济阶层的人群说话方式可能不同，在汉语中这种差异可以描述成蓝领和白领。北漂人讲话方式与北京人的方式不一样，男人和女人，老人和年轻人的方式也各不相同。

中国手语也同样存在这种语言变体现象。我们可以看到中国手语结构中的各种层次的变体，包括音韵变体、形态变体和词汇变体。其中词汇变体的例子记载很多。如果你向一群母语为中国手语的手势者请教如何用手语表示郑州、武汉、数字、面条、肉和硬，你会发现很多地域变体的例子。有些变体是因为聋生保留以前所受教育时的用词习惯。另一原因是聋校的中国手语教学不太规范。

中国手语的变体现象似乎比其他国家手语更加复杂。比如美国手语相对规范一点，美国自 1776 年独立以来，其建国历史只有三百多年，当聋人教育在美国开始时，包括来自全国各地的聋人教师和听人教师在内的很多人都来到康涅狄克州哈特福德大学聋人学院学习了克氏（Clerc）教学法。然后返回各自学校从事聋哑教学工作。哈特福德大学的很多毕业生在美国其他地方建立了很多聋人学校。因此，无论教师还是毕业生都利用他们在哈特福德大学学到的美国手语知识来从事教学。而在中国，由于地域辽阔，加上无障碍环境缺失，残疾人跨地域交流的机会不多，再加上中国的聋人主要集中在大城市和中小城市，随着经济发展和社会进步，中国不同城市的聋校和聋人之间联系才逐渐多起来。长期以来，很多聋人群体都是彼此孤立而存在的，每个群体的手语也各不相同，导致中国手语产生了大量地域差异。这些有待像推广汉语普通话一样来尽可能统一规范的汉语手语。

安东尼·阿兰布罗（Anthony Aramburo）发现，在美国手语中，对手势school、boss和flirt的表述方面，白人和黑人采用的手势是不同的。这种现象可能是由于黑人聋人群体和白人聋人群体之间孤立，不相往来而缺乏联系造成的。很多学者对美国手语进行了研究，主要有美国手语中黑人英语的研究（Lewis，1997）、亚利桑拉州纳瓦霍人手语研究（Davis and Supalla，1995）、盲聋人使用的触觉美国手语研究（Collins and Petronio，1998；Haas，Fleetwood and Ernest，1995），这些研究结果表明，美国手语同样存在有趣的变体现象。

中国手语还存在阶层变体现象，至少中国农村和城市聋人群体之间手语差异是可观察到的，比如手势"农民、聪明和山坡"，农村聋人和城市聋人打法就不一样，但国内未见到有关调查的报道。

手语的性别变体和年龄变体是一个需要研究的新领域，也就是说男性和女性使用的手语是不一样的，上了年纪的人和年轻人使用的手语也不一样。不少聋人就经常提到他们看到老年朋友和其亲属使用的手语就有不同的变体。这需要我们对手语历史变迁问题进行研究。

关于手语的历史变迁，我们已经说过手语变体指的是同一件事物用不同的方式表达出来。通常情况是，不同的人说同一件事的方式是不同的，他会根据实际情况进行选择。而且不同的表达方式不会明确存在于一个特定语言中。但是我们会对现有表达方式进行改变，或者干脆得出一种全新的表达方式。新旧两种表达方式会共存一段时间，然后旧的表达会逐渐消失。这种过程就是历史演变。

语言的历史变迁经常出现在词汇和音韵方面，但是形态和句法方面也会有些变化。例证之一就是口语从拉丁语系到罗马语系（包括法语、意大利语、西班牙语、葡萄牙语和罗马尼亚语）的演变。拉丁语系中的这些变化是由于其经历过长期实践和社会变革而造成的。如果现在可以观察到公元800年的法国，我们就可以看到，在一个特定日子和特定人群中，老年人和年轻人说话的方式是不一样的。当时的这些变化就可以简单地理解为语言变体。从现代的角度来看，这种变体看起来像历史变迁。语言的各个方面在很长一段时间里会逐渐发生变化，尽管拉丁语还是现代法语的基础，但是后者与前者却完全不同了。

有些研究人员对美国手语的历史变迁进行过描述（Nancy Frishberg, James Woodward, Carol Erting and Susan DeSantis）。其他研究人员则研究了其他手语中的历史变迁。比如有些研究文献指出很多美国手语手势与 LSF（法国手语）手势非常接近，因为 Carol Erting 本人就是一名 LSF 手势者。我们可以找到足够证据来表明 LSF 是向美国手语进行历史演变的。比如手势 CAT、COW、HORSE 和 DEVIL 在 LSF 中是用两只手部表达的，而在美国手语里则演变成用一只手部表达。LSF 有些手势，比如 GUIDE 和 HELP，是使用肘部生成的，而在美国手语中是用辅手生成的。

有些历史变迁的原因是因为同化，在这种情况下，其中一只手的手形变成了另外一只手的手形。比如手势"纸"的旧式打法为主手是 ZH 手形，而辅手则是 I 手形。随着时间的推移，辅手也变成了 ZH 手形。有时一个手势的位置特征也随时间变化而变化，比如手势"玉"就是如此。这个手势的旧式打法是通过嘴部生成，现在是通过下巴生成。在手势"肝"中，其位置是从胸部左边演化成腰部右边。还有些手势如"烤"和"豪华"是由双手演化成单手，其他手势如"刮风"和"鸡蛋"，则是从单手演化成双手。上述例子可以说明中国手语的历史变迁。

语言不同于其他体系的独特处之一就是会随着时间变化而变化，而且其变化是连续性的。我们可以看到，现在这些变化随着新名词的引入（比如电话、电视和电脑技术），正在发生着变化。像存于电脑技术中的不同手势既反映了地域差异，也反映了技术变迁。同样改变电视频道的手势变化是手形形状的变化，即新的手势由遥控器形状所取代。

正如美国手语"家"是一个合成词，由手势 eat 和 sleep 组成。sleep 的手形被 eat 的手形所同化，eat 的位置则被 sleep 的位置所同化。其基本的分段结构是 MHMH。但是现在这样的手势打法已不常见，而是通过一个位置的 MMMH 表达出来。这个手势看起来像是反复敲击脸颊下部同一个位置的手形。正如我们以前所说，语言总是处于变化之中。语言学家对美国手语的音韵变体做了研究，他们假设其所有三个变量里观察到的变体可以用音韵特征（即前面或后面手势的位置或手形特征）来解释。他们发现，当分析了这三个变量的近 10,000 个例子时（其中手势 DEAF1618 个，位置手势 2862 个，L 手形手势 5356 个），音韵变量的确出现了某些效果，但是解释音韵变体的主要特征还是手势的语法功能。特别提出的是，手势 DEAF 可以作为形容词、名词或谓语来使用，而非引用形式（从下巴到耳朵或者轻触脸颊）更像是形容词，而引用形式（从耳朵到下巴）更像是谓语。对于位置手势，动词更趋于使用引用形式（在前额），而像介词之类的虚词则趋向于使用更低级别的非引用形式。第一人称代词偏向于非引用 L 手形（大拇指张开或所有手指张开），第二人称代词是中性词，第三人称和内容手势（名词和动词）则偏向于引用形式（除了食指外，其他手指张开）。他们还发现了其与社会特征的相关性。比如对于手势 deaf 而言，无论年轻还是老年手势者都喜欢采用从下巴到耳朵的表达方式，而中年人则喜欢从耳朵到下巴的形式。波士顿和马里兰州的手势者非常喜欢从耳朵到下巴的表达方式，而其他地区的人无所谓，或者喜欢下巴到耳朵的表达方式。老年手势者喜欢用前额作为位置手势的基准，而年轻人则喜欢更低的基准。

词素变体包括动词主语代词的下移（the dropping of the subject pronoun），动词通常需要一个主语来搭配，比如动词 feel、know 或者 like。语言学家研究了美国手语的简单动词，即这些动词没有包含任何与主语或宾语有关的信息。令人惊奇的是，即使简单动词不包含主语信息，在没有手语代词的情况下，这些简单动词更有可能发生。描述变体的关键性因素就是转换参照物（目标动词的主语要么与先前发生的主语一样，要么不同）、代词的人称和数的变化（第一人称代词比其他代词更容易用手语打出来）、以及英语的影响（在更像英语的句子当中，代词更容易表达）。老年手势者和妇女更有可能使用代词主语，而不是省略。

在调查词汇变体时，通常需要询问手势者，他们的手势指代的概念究竟是什么，比如手势 rabbit、computer、Africa 和 Japan。美国手语语言学家做了一个实验，手势者被要求做出 34 个独立手势。结果在手势者的手语中发现了词汇创新与音韵变体之间的区别。例如 Africa 和 Japan 的新手势就属于词汇创新。他们还发现所有七个地域中，无论何种年龄段的手势者都采用了这些新的手势。手势 rabbit 的新老变体在各个年龄段手语者中都有使用，但是旧式打法是在前额部分完成的，而新式打法则是在中间位置通过双手来表达的，这表明，可能在表达过程中出现了变化，但是变化不彻底。如果彻底的话，年轻人只会使用更新的表达形式。这个研究表明美国手语和其他语言一样，都存在社会语言学变体，都有语言学方面和社会方面的变化因素。

由于国内未见到相关的报道，我们期待国内学者能在中国手语变体的研究领域有所突破。

6.2 中国手语话语

通览本书我们发现，中国手语的不同组成部分都有着内部结构。在音韵学部分，我们发现，手语手势是由几个组成部分构成的，而这几个部分是结构化的。在形态学部分，我们了解了中国手语的最小语义单元，也讨论了这些单元是如何形成新的语义单元的。在句法学部分，我们了解到中国手语句子是结构化的。词序并不是随机的，而且非手控信号在中国手语句子构建中起着非常重要的作用。因此我们可以看出语言的各个级别上组成部分都是结构化的，但是对于语言来说，仅仅强调单个独立句子是不够的。人们相互交流，彼此打着手势语，还写信、写小说和撰写报刊文章。这些都是语言使用的例子，语言的使用涉及到各种句型的使用。

当人们说话，打手语或写字的时候，他们使用的语言也是有结构的，换句话说，这些单词和句型并不是杂乱无章地堆砌在一起的。在社会语言学领域，"话语（discourse）"的术语用来指代任何语言的使用，这种使用要超越句子本身。话语指的是在对话过程中，语言是如何组织的。话语还意味着在书面语中（比如小说或语言学教材）句子是如何组织的。我们在第6.1章节已经指出，语言同时具有社会功能和交际功能。语言是一种社会行为。话语分析与语言的社会功能有着很大联系。在本单元中，我们会对话语分析进行简要介绍，同时还会介绍中国手语话语结构的几个例子。

1980年，社会学家哈德森（Hudson）指出，话语研究涉及很多不同领域，这里我们将讨论其中的四个方面，具体为：语言的功能、如何熟练使用语言、语言使用的规范和结构、作为社会身份标志的语言。

6.2.1 语言的功能

语言同时具有社会功能和交际功能。我们不会仅仅用语言来实现信息交流。通常情况下，语言是用来建立社会关系或加强社会关系，或控制他人行为的。比如，设想一下，你正在大街上走，看到了一个熟人，但是你不是特别了解这个人，他不是你的朋友，而仅仅是你熟悉的一个人，正向你走来。其实你并不想停下来与他聊天，所以你就继续走。但是你与他擦肩而过的时候，你会与他进行眼神交流，要么点头，要么打招呼。你也许会做出"你好"或"不错，谢谢"的手势，或路过时点头表示打招呼。他也会做出同样的表示，或者同时向你点头。这种场景下，语言的功能不仅仅是交流信息，还有让别人知道你看到了他，并没有忽略他。

要了解语言的社会功能，我们要设想一下，如果路遇熟人而不打招呼是多么奇怪的一件事。如果你认识的人碰到你而没有与你打招呼，你可能会说，这人有点不礼貌。我们会问，礼貌意味着什么。本节内容中，礼貌除了意味认识的某人存在，并友好打招呼。表达礼貌的方式除了语言，还有肢体动作。

另外我们还要使用语言的社会功能。比如道歉、警告、威胁、命令或要求。所有这些功能都超越了语言的纯交际功能（告知某人他还不知道的事情）。事实上，有时你会告诉某人他已经知道的某事，这是控制行为的方式。比如，你告诉某人："这里很冷。"这可能包含着要求他关窗的社会功能，也可能是这里很冷你不要来，或者你来要多穿衣服等等。

6.2.2　熟练使用语言

在现实生活中，有些人非常擅长通过语言来得到他们所需要得到的东西，而另外一些人则稍逊一筹。擅长使用语言的人应该得到社会各界的尊重。在中国聋人群体里，一个擅长用手语讲故事或者"读诗"的人是很受欢迎和尊重的，这些欢迎和尊重是得益于他们对中国手语的精准把握。

在朋友聚会上，玩字母游戏或数字游戏很常见，他们会因此而得到尊重。

6.2.3　语言使用的规范和结构

话语的内部结构有一定的使用规范。如果使用规范语言，手势者相互之间交流畅通。因为手势者能相互理解对方表达的意思，并在"谈话"中受到启迪，如同口语一样，"听君一席话，胜读十年书"。反之，则相互交流不理解、不畅通，甚至对对方产生看法。比如，在两位手势者（A）与（B）的对话中，如果（B）不等（A）表达完，就开始打手势表达自己的意思，那么（B）的行为就打断了（A）的话语。这表明（B）在使用手语过程中有不规范行为。手语语言规范如同口语一样，如果（A）与（B）在对话中，（A）在说话表达时，（B）应认真倾听，（A）说完了，（B）才可以再说。

另外一个使用规范是，如果你不得不穿过两个正在用手语进行交流的人之间时，那么如何得体地通过？在口语对话中，通过时我们会非常礼貌地说："借光。"也就是说，用语言表述你恰好挡住了他们的路。但是，在聋人群体中间，如果你不打手势表示"借光"而穿过两个正使用中国手语进行交流的人之间时，这种情况是可以接受的，不会让人觉得不礼貌。这样做不仅是礼貌的表现，而且如果停下来用手语表示"对不起"，或转过头，或弯腰则是无法接受的，因为这样会导致别人的对话中断。这是与其他口语对话规范的不同之处。

另外一个使用规范是，如果你不得不从两个正在交流的人中间穿过，在口语对话中，我们会非常礼貌地说："对不起，借过一下。"这是我们用语言表述需要打断一下他们的交流。如果不说话，直接从两人之间穿过，会被认为是非常不礼貌的行为。但是，对手势者来说如果你不打手势表示"借过"，就直接从两个打手语的聋人中间穿过。这不仅不会让人觉得不礼貌，反而，当你停下来用手语表示"对不起"，或转过头，或弯腰会导致别人的对话中断。这是手语与其他口语对话规范的不同之处。

语言使用规则关注的是话语的数量与质量，也就是该说什么才说什么。如果你认识这么一个人，大家都觉得他不错，但就是话太多。这个人说话啰嗦，或者谈论一些他不应该谈论的问题。

最后，语言使用规范还指出何种情况适合谈论何种主题，并非所有主题都适合每个场合。似乎存在这样一种规范，有些主题适合在公共场合谈论，有些主题则适合在私人场所谈论。而语言使用者明白什么场所适合哪些交流，但当处于不适合场所的时候，我们也可以想办法进行交流（比如窃窃私语）。同样在中国手语中也有这样的办法，手势者可以使用一只手在非常简略的手语空间表达简单的手语。遗憾的是，到目前为止人们对这种表达方式还没有太多的研究。

6.2.3.1　内部结构

话语有具体的内部结构。这种结构以不同形式展现出来。其中之一就是话题转换（turn-taking）。由于在同一个对话场景下，每个人都不会马上做出手语回应，手势者就有不同方法来得到并保持说话的顺序。比如，当一个人正在打手语时，突然思维中断或需要停下来进行话语的组织，交谈的另一方在对话中进行自我选择，那么他可能就进行接下来的发言。如果第二个人不自我选择，那么第一个人可以继续，或者选择终止谈话。得到说话机会的另外方法就是当第一个人问第二个人问题时，这样机会就给了第二个人。

话题转换依场合变化而变化。在正常的交流中，对话双方可以自由选择说话顺序，如果一方先主动发问，另一方则需要回答。除非一个人问另外一个人问题，但是如果在课堂上，通常情况下，都是由教师选择谁该下一个发言，学生是不能自我选择说话顺序的。在法庭上，习惯上有律师问证人问题，证人则回答问题，证人通常不提问。

　　万一没有机会说话，我们还有方法保证说话的顺序。在手语交流中，你可以注意到，通常情况下，如果有人试图打断手势者，那么手势者可以降低眼皮或转移眼神，甚至可以摆动食指或者把手摊开并做出等待的手势，表明他的话还没说完。实际上 1977 年贝克以及其他研究人员就发现，在美国手语中眼神注视在保证说话顺序方面是非常重要的。

　　话语可能不受话题限制。也就是说，当引入一个话题时，这个话题就控制了对话的进程。我们可以一直谈论这个话题，也可以从泛泛而谈进入到具体话题谈论之中，甚至可以引入与之有关的相关内容，还可以引入新话题。语言可以显示我们是如何处理话题的。比如，讲汉语的人可以说"关于相关话题"，或"我不是想转移话题，但是……"，这两种方法都是告诉别人，话题即将转换。

　　关于美国手语里话题决定结构的例子。1990 年罗伊审视了高中科学课程中的结构，发现教师用手势 now 和 now-that 来继续自己的话题。这个话题被分成非常清楚的章节，而且章节之间的转换就用这些手语来标记。上课的学生用这种方法可以很轻易地跟上教师课程以及子课程进度。罗伊还发现，教师课程的一个有趣的特点就是构建对话。构建对话在对话中广泛使用，用来告诉别人已经讲过了的内容。比如："他说了……"，"然后我说……"，等等。在构建对话时，手势者通常转移身体和眼神，这样指示就非常清晰，什么时候他说，什么时间由另外的人说。手势者甚至可以在两个人之间转述对话内容，可以通过转移身体和眼神进行角色转换。

　　谈话内容也可以用他所说的"百科知识（encyclopedic knowledge）"来决定。那就是说，一个人引入的话题可以与另外一个人的话题截然不同。比如，如果你正在向不了解手语结构的人讲解，相对于那些已经知道你所传授的知识的人而言，对他们，你可以花更长时间，用更加详细的细节进行解释。我们对别人掌握知识的所思所想决定自己的谈话。

6.2.3.2 语域变体

话语结构可能随场合不同而不同，即何时何地进行何种对话，这称之为"语域变体"。语域的意思就是"适合一定场合的语言"。按传统习惯，在任何语言中描述这个领域都非常困难，但通过比较"正式场合"和"非正式场合"手语的使用，我们可以看到这样的例子。在非正式场合，很多用双手表示的手势也可以用单手来表示（比如咖啡、茶、投票、人，等等）。很多手势对具意思相同，其中一个手语在正式场合使用，另外一个在非正式场合使用。如果将非正式场合的手势用在正式场合是不认同的。比如手势时间在正式场合使用的是双手形式，而在非正式场合的形式是在手腕部位进行表达。

手势的位置随社会场合变化而变化。在正式场合下，手势"灯"可以在前额做出来，而在非正式场合下则在右边肩部的一侧做出来。

齐墨在 1989 年研究了美国手语的语域变体。她比较了各种场合下手势者的手势产生过程，包括正式讲座、电视访谈和非正式谈话，发现了美国手语语域变体的例证。比如非正式场合使用的手势（比如 pea-brain，What's-up，或 kiss-fist）在正式场合是不会使用的。她还发现，讲座中存在很多修辞问题，但是非正式场合和电视访谈节目中则没有出现修辞问题。同时讲座时的手语空间比其他两种场合的空间要大得多。另外非正式场合的主题化倾向要比正式场合更明显。

6.2.4 作为社会身份象征的语言

语言可以用来表示个人社会地位。英语中有这样的例子，在姓氏前面加上头衔。我们称呼认识的人为"威尔逊医生"还是"约翰"？如果我们叫他"威尔逊医生"，那么我们怎么知道他是否愿意接受这种带有姓氏的称呼？姓氏的用法或在名字前加上头衔可以表明说话者双方的社会地位，还表明这两个人之间的社会关系。

如果你对西班牙语、法语、意大利语、德语或其他语言有所研究，你就知道，很多语言都用代词来表达复杂的社会关系。这些语言有专门用于正式场合和非正式场合的代词。老板用的代词与朋友之间使用的代词是不一样的。

中国手语如何表示说话者社会地位的研究不多，还有待我们去探索。请大家关注一下中国手语的用法：你在对话中使用过姓氏或名字加上头衔来称呼人吗？如何表明你是学生，又如何表示你在和老板或教授说话？你和老师的谈话与朋友的谈话手语有区别吗？

6.2.5 新研究领域

最近几年对手语话语的研究集中在变体领域，包括非手动信号的使用，比如，眼神和嘴形的变化以及指代空间的使用。研究还包括父母与子女之间话语（Volterra and Erting，1994）和解读话语（Roy，1993；Metzger，1995）。关于手语的空间和态势语言的研究还可以提供与口语话语一样的重要信息。

6.3 双语和语言接触

双语与语言接触是社会语言学研究的另外一个重要领域。弗朗西斯·格罗斯让做过双语研究，他说："实际上，双语存在于每个国家，每个社会阶层和年龄阶层。据估计，世界上超过一半的人口都在使用双语（1982）。"另外一位研究人员 W. F. 麦基说双语远远超过人们的想象，它的影响力辐射到世界人口的绝大多数（1967）。很显然，双语是世界上所有聋哑人都感兴趣的问题，因为聋人群体成员不与他们所居住国家主要语言发生接触几乎是不可能的。实际上，他们当中很多人都在使用手语时都被迫使用所在地区语言的书面语和口语形式。聋人往往生活在双语与语言接触的环境中。

针对聋人群体的大多数双语和语言接触研究都关注口语和自然手语接触。但是，自然手语的语言接触机会呈上升趋势，原因是不同聋人群体的成员开始彼此进行互动交流。这种语言接触的结果非常有意思，值得研究。

6.3.1 双语形成的原因

双语环境的形成原因有多种。主要原因是讲同一种语言的个人或团体从一个区域移动到讲另一种语言的另一个区域。这是由于军事入侵或殖民化导致的结果。比如大多数国家都讲法语和英语就是殖民化的结果。几百年前，古罗马入侵了不列颠，随之就带来了拉丁语。而西班牙人 15 世纪对南美洲进行了殖民统治，也就带去了西班牙语。

人们从一个地方向另外一个地方迁徙也有着其社会和经济原因。在欧洲，很多"异地工人"为了寻找工作，从意大利和土耳其转移到了德国和瑞典，也带去了他们的本族语。越南战争结束后，很多人从南亚来到美国，带来了柬埔寨语、老挝语和越南语等多种语言。也有些人的迁徙原因是贸易和经济。最早的例子可以追溯到讲葡萄牙语的水手，他们16世纪转移到西非，也就接触到了不同地区的非洲语言。

双语环境的形成还有民族主义和联邦主义的原因。当很多国家从欧洲国家的殖民统治中获得独立时，这种双语环境就形成了。新独立的国家就选择了一种国家语言作为官方语言，完成包括教育、政治管理、社会媒体等在内的社会事务。很多人在学习这种国家语言，而且想保留自己的本族语言，也就形成了这样的双语环境，这些国家包括尼日尼亚和印度。

教育和文化也可以导致双语环境的形成。比如，中世纪欧洲教育使用的语言是拉丁语，所以受过教育的人既懂自己的本族语（包括法语、意大利语或西班牙语），也了解拉丁语。很多年前，俄国大革命还没有开始，当时教育和文化事业使用的语言是法语，所以当时很多受过教育的人既懂得俄语，也懂得法语。

城市化和异族婚姻也可以导致双语环境的形成。当人们搬到城里找工作时，他们必须学会这个城市的语言。比如在危地马拉，这个国家的人们使用的语言多达22种印第安语，如果他们到城里或者大城镇寻找工作，他们就必须学会西班牙语，因为西班牙语是这个国家的官方语言。同样，一种语言的人与讲另外一种语言的人结婚的话，夫妻双方也必须学会对方的语言。

在聋人群体里，双语是通过不同方式完成的。在中国聋人群体里，如果他们的父母为聋人，则母语是中国手语，而汉语是第二语言。但是中国很多地方聋校的康复部和语训中心老师和聋生都不允许在教学时使用中国手语。他们使用的语言要么是汉语口语，要么是我们称之为手语辅助下的某种汉语形式。也就是说，他们使用的是加上某种手语的汉语口语形式。很多聋儿从当地聋校已经学会了中国手语。然而主流学校里的很多孩子却是从手语书籍或教学资料学到的中国手语。有些聋儿的确是中国手语和汉语环境下的双语使用者，但是大多数聋儿直到成年才学会双语的使用。

6.3.1.1 双语保护

如果同一个地区同时使用两种语言，那么这两种语言要么同时存在，要么其中一种语言会逐渐消失。这两种语言同时存在的条件就称之为双语保护。在此情况下，两种独立的语言体系可能共同存在并彼此联系，比如加拿大魁北克省，既有英语也有法语。在此情况下，并非每个人都能使用两种语言。双语保护还意味着每个成员都是双语使用者，双语满足于不同的使用目的。比如在巴拉圭，他们使用的两种语言是西班牙语和瓜拉尼语（一种土著语言）。几乎每个人都能使用这两种语言。他们在正式场合下使用西班牙语，比如学校、政府，而在家和与朋友交流时则使用瓜拉尼语。美国聋人群体里也存在双语保护的情况。大多数聋人都知道英语和美国手语。

有些时候，双语环境会导致单一语言的回归。第二语言有可能消失，而第一语言仍可能保留下来，这类似于几个世纪以前日耳曼人入侵意大利的情况，当时拉丁语被保留，而德语消失。还有一种情况，那就是第一语言消失，而第二语言便存留了下来。这曾在美国西部的本地语言中发生过。现在，与英语比起来，这种语言在发展中已经没有容身之所了。双语还有可能出现另外一种情况：从语言混杂化和克里奥尔化过程中发展出新的语言系统。这种产生语言混杂化和克里奥尔化的社会条件十分的特殊。许多学者认为在美国聋人群体里也存在着这样的"语言混杂化"，但是也有语言学家不赞同这样的观点。中国手语是否也存在，有待研究。

6.3.2　语言接触

当两个或更多类型的口语互相联系时会发生什么呢？针对这一点，人们做了很多的调查。我们将集中研究在两种手语之中的联系和口语与手语之间的联系。

6.3.2.1　词汇借用

当一种语言从另外一种语言引入词汇（这里指的是单词或手势）并植入自己的语言体系时，我们称之为词汇借用（Lexical Borrowing）。汉语中词汇借用的例子包括意大利语 Pizza（披萨），以及英语单词 chocolate（巧克力）。一般来讲，单词或手势的形式随着它变成借用语言系统的一部分而变化。比如，和意大利语相比，单词 Pizza 和 Spaghetti 的发音在汉语中听起来差异很大，原因是这两个单词已经变成了汉语的一部分了。手语之间也有着词汇借用的情况。比如，最近几年，港澳台地区的中国手语的手势已经被当地手势者的手势取代了。

6.3.2.2　语言转换

当双语者使用其中一种语言，然后转换到另外一种语言时，语言转换（Code-

Switching）现象就发生了。语言转换也许仅仅是一个手势，或是一个分句、整个句子或整个段落的一部分。例如，母语为美国手语的手势者在讲述句子一部分时转换到中国手语，之后又转换到美国手语，这样就发生语言转换了。一般来讲，语言转换的形式不变，不会植入到其他语言当中。

6.3.2.3 外来人谈话

针对外来人的谈话（Foreigner talk）发生的情况是在一种手语的使用者 A 和另外一种手语的使用者 B 进行交谈时。假设手势者 B 在努力学习 A 的手语，或对 A 的手语不是很精通。手势者 A 可能简化其语言，这样手势者 B 就能理解了。A 的手语并没有包含其他语言的手语表达，而是为外国人的理解简化自己的手语。

6.3.2.4 语言干扰

当一个双语手语者在另外一种语言中无意识地使用其中一种语言时，就会发生语言干扰。手势者可能仅仅是偶尔使用某手形或运动，而这手形或运动并不是他正在打出的手语的一部分。

6.3.3 语言混杂化与克里奥尔化的混合语言系统

理论上讲，两种手语的语言接触可以产生语言混杂化和克里奥尔化的混合语言系统。研究人员不同意语言混杂化和克里奥尔化的说法，但是他们的确也赞同发生这些语言现象的特殊条件。通常情况下，语言混杂是在成年人使用两种很难理解的语言时产生的。语言接触只有为了具体目的才发生的，比如为了交易。这些成年人通常不会去学习对方的语言，而是采用有利于提高其社会地位和经济地位的第三种语言。他们经常会从一种语言环境转换到自己的语言。他们也可能很难接触正在学习的语言，而是以学习对方语言来结束对话。这就是西非和西印度群岛自己进行奴隶贩卖时的社会语言学情况，导致了语言混杂。

产生在这些情况下的语言混杂在语言学上似乎有着很多共同的特点，包括很多弱化的形态学和语法学特点。很多语言学家都认为，出生在这种情况下的孩子会把这种混杂语言当成自己的本族语，他们会改变这种语言，让它变得更加复杂。变化的结果就是语言学家所说的克里奥尔化。虽然这样的语言条件还没有被证实，但是在中国的聋人群体条件下，设想这样的情况还是有可能的：两个操不同手语的手势者彼此接触，都在学习中国手语，但是基本上都是通过对方来接触中国手语。他们语言互动的结果看起来可能与语言学家所说的语言混杂很相似。后一种可能情况是语言学家所说的混合语言系统，它源自结合两种语言元素的语言接触。

6.3.4 手语与口语之间的语言接触

当语言接触发生在在手语和口语环境下时，我们就可以进一步区别语言的独特现象和正确地遵循口语语言标准（见表6-1）。遵循口语语言标准意味着准确按照语言的规则来进行。比如手势者在从中国手语到汉语进行语言转换时，手势者将正确地停止生成中国手语，开始讲汉语，反之亦然。当聋人在对听人双语者打中国手语时，放下双手并开始讲英语单词（可能是为了强调），这种现象就会发生。或者当一个听人双语者对另外一个听人双语者讲汉语，然后停止讲汉语并使用一个中国手语手势时，这种情况也会发生。

表 6-1 语言联系的产出性

两种手势语言之间的联系会导致	手势语言和口语的联系会导致	
词汇借用	实际遵循口语标准，包括：语码转换和词汇借用	独特现象，包括：手指拼写、手势与手指拼写的结合、嘴部语言、语码转换和联系手语（语码融合）
语码转换		
外来人谈话		
干扰		
洋泾浜语，克里奥尔语以及混合系统		

手语和口语也按照借用的概念从对方借用词汇。比如美国手语手势

BOY FRIEND GIRL FRIEND HOME SICK BLACK BOARD 和 HOME WORK

以上是美国手语借用英语合成词的例子。有的听人双语者可能会借用美国手语手势的嘴形，然后变成英语单词。比如表征"大量的纸张"或"厚书"的分类词谓语其嘴部动作被注释为"cha"。我们听到过听人学生在一句话中说到："我有很多作业 I have cha homework.。"

语言的独特现象只是在手语和口语的接触中发生。比如手势拼写就是语言独特现象的例子。和我们先前提到的一样，手势拼写通过英语拼写体系的美国手语形式表现出来。有些研究人员说，手指拼写就是词汇借用的例子，但是词汇借用

涉及手语和口语两种音韵的关系。我们已经见到过两种手语中词汇借用的例子。但是手势拼写是手语音韵与口语拼字的关系，其表现形式是手语的一部分。有时手势者将手势拼写和手势组合来打出手语，比如手势 life#style 或短语 #take-care-of 就是如此。

第四种独特现象是语言转换，发生在美国手语和手势英语体系之间。比如 SEE 1（Seeing Essential English，用 ASL 打出来的 see 手势）或 SEE2（Signing Exact English，用手势英语打出来的 see 手势））。我们把这描述成一种独特的语言现象，而不是两种手语间的接触，原因是这手势英语不是自然手语，而且深受口语结构的影响。比如，我们还可以想象这么一种情形，手势者可能从美国手语转换到 SEE 1，这样就可以表达出英语中的引用功能。

接触手势也是一种独特的语言现象，起源于英语和美国手语间的接触，同时具有这两种语言的特点。这就是传统意义上混杂手势英语。我们没有使用"语言混杂"这个术语，因为这种混杂手势英语似乎不存在语言学家所说的语言混杂的语言学特征，而且接触手势的社会条件与口语混杂也有所不同。我们前面已经讨论过这个问题，不仅聋人和听人存在接触手势现象，聋人与聋人之间也存在接触手势现象。其语言学特征包括英语的词序、介词的使用、that 结构的使用、英语表达、英语单词的口型，还加上美国手语非手控信号、身体和眼神转移、美国手语中空间的使用。还包括其他的语言独特现象（比如手势拼写和手势组合使用）。

接触手势是接触环境下人们语言背景的较为宽泛的变体。每个人都是独一无二的，所以每次的语言接触环境都是与众不同的。对于中国手语来讲，听人双语者（汉语为其母语）生成的接触手势有别于聋人双语者（中国手语为其母语）表达的接触手势。这两种人的接触手势可能有着共同特征，但结构上是不一样的。对手语者而言，在对话过程中从中国手语转换到接触手势或从接触手势转换到中国手语也是可能的。所以我们再次强调其独特性，因为接触手势是汉语和中国手语接触的结果。

6.4　中国手语的艺术表现形式

中国手语的艺术表现形式不仅仅出现在人们的日常交流之中。包括讲故事（包括字母顺序故事、数字故事和分类词故事）、打击形式的手语、戏剧和诗歌在内的艺术形式在聋人群体中存在了很长时间。中国手语的艺术形式在聋人文化和历史的传承起着非常重要的作用。中国手语的艺术形式与其结构有很大区别。比如，讲故事是聋人自己一种非常受欢迎的艺术形式，它包含了公式化元素的广泛应用，是一种非常复杂的结构。

6.4.1 讲故事

讲故事这种艺术形式是聋人文化的基础构成部分，与口语故事一样，中国手语故事有寓言、个人经历、奇闻轶事或者传奇故事。

最有名的是聋人文化版的《灰姑娘》童话故事，这个故事结合聋人文化做了一定的改编，由于通俗易懂，喜闻乐见，从而受到聋人的欢迎。故事梗概如下：从前有一个出生在听人家庭的贫苦的聋姑娘，她只能用简单的口语交流。由于语言障碍，在家里她无法了解家人，也无法被家人理解；在外面，她没有朋友，非常孤独和悲伤。一天，她遇到了一个仙女，这个仙女送给了她一双玻璃手套。她戴上这个手套，就可以轻松优雅地打出流利的手语。接着，在仙女的魔棒下，她身上穿的破旧的衣裳变成了漂亮的晚礼服。她还佩戴上了聋人艺术家为她制作的美丽的珠宝。这样，她参加了当地聋人俱乐部举办的联欢晚会。在这个晚会上，她爱上了聋人俱乐部主席的儿子。她戴着玻璃手套，用流利优雅的手语尽情地交流，获得了聋人俱乐部"王子"的爱慕，她沉浸在无比幸福之中。和原版"灰姑娘"的故事一样，仙女告诉她到了半夜12点，她必须离开晚会现场，因为那时一切魔力都会消失，她会变回原形。当她看到墙上挂钟指针对准了12点时，她匆匆地逃离了聋人俱乐部。在匆忙中，她丢下了一只玻璃手套。故事的结尾正如大家预想，最后聋人"王子"凭借这只玻璃手套，寻找到了他梦中情人，这位"聋人灰姑娘"。然后，她幸福地成了他的公主。这个故事强调这个姑娘的魔法手套让她忘却了过去多年的口语生涯和交流障碍带来的痛苦，使她获得令人羡慕、母语般的手语技能，回归了聋人群体，获得了新生，从而强调了聋人文化的重要性。

同样类似的故事还有北京三聋梅芙生编的《猴王》。说的是花果山的一只石猴下山找同伴，他跑到豺狼身边，豺狼不跟他打招呼；他跑到虎豹身边，虎豹也不答理他；他又去跟獐鹿打交道，獐鹿看见他，箭一般跑掉了；他刚朝一对仙鹤走去，仙鹤看见他拍拍翅膀飞走了。石猴觉得很奇怪，跑到溪边去喝水，在水影中看见自己的模样，原来跟豺狼、虎豹、鹿鹤不是一类。他最后找到了一群猴子，大家欢迎他入伙，他乐坏了。作者借这个故事说明"物以类聚，人以群分"，强调聋人是手语族，特殊之处在于他们听不见，说不了话，谈话的形式（方式）、习惯与一般人不同，自然形成手语群体。这犹如操着不同口音的人，自成群落一样。

还有一则故事强调了聋人文化的独特性。比如两个聋人开车旅行，住进了一家旅馆。其中一位聋人出去办事没有带钥匙，回来后又忘记了自己的房间号。怎么办呢？他急中生智，回到车里使劲按喇叭。所有的听人都打开了窗户看究竟，唯独一个窗户没有开，那就是他的房间。这个故事配合手势者生动精彩的演讲，幽默辛辣地突出了聋人与众不同的特点。

6.4.2　字母接龙故事

字母接龙故事（也叫字母故事）可以追溯到 19 世纪，通过聋人代代相传至今。在这个故事中，每个手势表示 26 个手形（分别代表 26 个字母）之一，故事的主题广泛，包括医院的手术、闹鬼的房子、浪漫的夫妻、飚车比赛和篮球赛等。从 A 到 Z 的变化必须非常平顺，和常规故事没什么区别。字母顺序故事转成英语是不容易的，原因是故事的意思依照字母手形呈现的视觉效果而定。下面以美国手语故事"飚车比赛"进行说明：

A. 驾驶员紧握方向盘；

B. 赛车尾部已经翘起，但是还没有开动；

C. 赛车车灯从上到下在快速闪烁；

D. 赛车快速驶过时，车头翘起；

E. 轮胎与地面摩擦发出 EEEEE 的刺耳的响声；

F. 观众的眼睛都盯着赛车，直到它绝尘而去。

如此按照字母顺序打出故事，直到最后一个字母 Z 结束故事才结束。其他非常具有创造性的故事也可以在字母 Z 到 A 中得以呈现。

6.4.3　数字接龙故事

数字故事类似于字母顺序故事，每个手势包含了表征数字 1 到 15 之一的手形，甚至更高数字的手形。有一个充满智慧而又犀利、响当当的短篇故事"明白了吗？"，它从 1 手形表示"你好"开始，紧随其后的是 2 手形表达"看着我"，3

手形表示"非常讨厌"，直到11手型，以"明白了吗"结束。重复几次后，观众最终会理解讲故事的人努力想要告诉的隐藏在数字后面的故事，并点头表示"我明白了"。这个故事还可以与字母顺序手形一起来陈述。下面是中国手语数字接龙故事的一个例子：

我 10 在太想你了

已经想你很 9 啦

请 8 你自己交给我吧

我绝不会 7 负你

让你永远 6 在我身边

5 发 4 这辈子

绝不会对你 3 心 2 意

这辈子就爱这 1 个群啦

6.4.4　分类词故事

分类词故事很多，也是非常有创意的艺术形式。这个以美国手语《高尔夫球》的故事，就是专门用分类词谓语（见三部分的第七单元）来表述。在这则故事中讲故事人的头变成了一个高尔夫球。高尔夫球被放置在球座上，然后观察球杆几次靠近球，直到击中。球被击中后，飞过了树林，下降，落到地面上，弹跳几次，慢慢滚动，最后停下来。然后再次被击中，滚向球洞，绕球洞几圈后落入洞中。讲述故事时还可创作很多有趣的情节。

在中国手语里也经常见到分类词谓语的故事。

例如：青蛙躲在荷叶里，青蛙在荷叶下面玩耍，和小鱼儿追逐着，又跳上了荷叶。

例如：大马在山路上，爬坡时候，非常吃力地向上爬着，马背上的人，下来推着马。

6.4.5　节奏形式的手语

这种手语由一种打击乐器来完成，比如低音鼓的使用，表演者用它发出有节奏感的手语时，聋人可以感受到有节奏的振动。这种节奏与手势运动有关。打击形式的手语始于 20 世纪 40 年代的高立德大学举行的足球赛，当时是为了配合学校吉祥物的歌声而表演的。现在这种艺术形式仍然处于发展之中。这种形式的手语也可以不用乐器，而是通过击掌产生节奏来配合表演。比如很流行的《感恩的心》《祝你平安》等歌曲。1988 年这种形式的手语也出现在在高立德大学"聋人校长运动"上。比如：聋人艺术节中的手语操表演，升旗仪式中的手语国歌，同步有节奏的用手语"演唱"。《圣经》的诵读，吟唱。

6.4.6 戏剧

根据《聋人世界之旅》（*A Journey Into the Deaf-world*，by Lane，Hoffmeister，and Bahan，1996）描述，19 世纪中叶美国就已出现了 ASL 戏剧和小品，到了 20 世纪，戏剧表演在 20 世纪的聋人俱乐部、聋人大学、聋人剧团、聋人电视节目和电影制作团队、以及聋人庆祝活动上得到了长足发展。这种手语戏剧通过大量富有节奏感的手势运动和清晰可见的面部表情（这些面部信息有面部语法，如疑问、副词、连词等等，和情感）表现出来。国内目前尚未见到这方面的记录文献，但是聋人自编自演哑剧、舞蹈、滑稽小品、魔术等以自娱已是很平常的事了，中国各大城市都有。聋人戏剧，大多根据京剧，或历史故事，或生活中的真人真事改编的，如：《三岔口》《武松打虎》《闹天宫》《马大哈》等。聋人哑剧，好看易懂，不但为聋人所喜爱，就是健全人，也能从中体味出它的节奏、气质、风格之美。同时，也显示了聋人相当高的领悟力，以及不乏表现细腻感情的艺术才能。

有史可查的是 2010 年北京市残联和北京毅鹏比邻文化传媒有限公司主办的无声话剧《信——寂静的聆听》，是为了庆祝 9 月 26 日"国际聋人节"而特别制作。讲的是两位聋人，虽然没有健康的听觉，却有着对舞蹈的梦想，有着对艺术的热爱。但事实终归是残酷的，听觉上的缺陷，让两人在舞蹈中无法跟上音乐节拍，无法达到老师的要求。屡次失败、屡次挫折，几乎让他们不得不放弃舞蹈的梦想。但最后他们在彼此鼓励和老师的帮助下，终于让舞蹈和音乐融为一体。

聋人还创作出了很多电影，其中有位电影制作人叫 Ernest Marshall，1937 年到 1963 年之间他创作了很多故事片，片中所有演员都使用中国手语。另外一个成功的聋人电影是 Peter Wolf 导演的 "Think Me Nothing"（《认为我一无是处》），电影展现的是聋人世界的自强意识。聋人表演的重大突破发生在 20 世纪 80 年代，当时 Marlee Matlin 凭借自己在电影作品 "Children of a Lesser God（1986）"（《莱塞上帝的孩子们》）的角色获得了奥斯卡大奖，1985 年 Juliana Field 的电影作品 "Love Is Never Silent（1985）"（《爱要大声说出来》）一举夺得艾美奖。从那以后，很多聋人演员就开始进入电影界或电视界。

6.4.7　聋人幽默

聋人幽默发生在聋人群体中间，展现了在听人世界里聋人面对压迫的场景。聋人幽默包括很多搞笑的故事、笑话、喜剧性短剧和其他类似艺术形式，这些形式让人们发笑。其中一个经典故事 "Deaf people face in the hearing world"（《能听以后的烦恼》）是这样描述的：

当一个大个子聋人进入市区后，一群人都发狂了。他发现一个女人躺在地上，非常害怕。他走向这个女人，慢慢地把她抬起来放进自己巨大的手掌中。她面无表情地躺在聋人的手掌中，仍然非常害怕。这个大个子说："你真美，我想和你结婚……。"观众笑了，他们明白，当大个子打出手势"结婚"时，需要主手迅速而有力地向辅手手掌移动时，而这个女人正躺在辅手手掌上，因此这个女人怕得要死。然后大个子说："哦，天呐，说出来就更好了！"

这种表白非常具有讽刺意味，会让聋人笑的时候不舒服，因为他们知道不能口语那种压抑的感觉。

Mary Beth Miller 是一位著名喜剧演员，她最受欢迎的保留节目之一就是涉及美国手语里主手相互争斗的故事。她的演技非常受欢迎。当她（即主手右手）和左手彼此干扰时，我们可以说她的演技真是大师级的。比如，右手大多数时间都在动，而左手就抗议，认为这是不公平的。因此左手就不愿意与右手合作了。这给玛丽·贝斯带来了麻烦，她就谴责双手的愚蠢行为。这种剧情一再上演，让观众哈哈大笑的同时还让观众陷入了沉思，因为他们知道，美国手语中双手的作用同等重要。

两位美国手语戏剧大师 Charles McKinney 和 Al Barwiolek 建立了一个戏剧组合（CHALB），20 世纪 80 年代到 90 年代之间，他们在世界各地巡回演出，取得了极大成功。他们的经典作品之一是 "Deaf Pa What"，讲述的是聋人世界里的聋人习惯。在其中一个剧情中，他们用夸张的手法放大了聋哑人"长久的话别"：他们穿上衣服，戴上帽子，表示他们就要走了，但是却又聊了半个小时。然后又意识到自己该走了，但是再次，他们还是穿着衣服，戴着帽子又聊了半小时之多。对所有声人世界的观众来说，这是一个大问题，因为聋人的日常生活确实如此。

再比如用夸张的手法讲述聋人"吃不完饭"的情节：他们吃着丰盛的午餐，边吃着边聊天，勺子放在嘴里，两只手开始比划起来；吃下几口，嘴里嚼着，又起劲地聊起来；饭盆里还有许多饭菜，送到嘴里几口，鼓着腮帮子，又聊了起来；这是一顿漫长的午餐。表述聋人的日常生活。

6.4.8　诗歌

古时候文字印刷尚没发明，更不说现代信息技术，诗歌主要靠人们口口相传、代代相传。诗歌起源于上古的社会生活，因劳动生产、两性相恋、原始宗教等而产生的一种有韵律、富有感情色彩的语言形式，因此手语诗歌也会必然出现。据有史记载，美国手语诗歌在 20 世纪 70 年代就出现了，此后得到了快速发展，中间出现了很多聋人诗人，但当时手语地位没有得到承认，这些诗人受到了排挤，因此手语诗歌未得到保存。直到 20 世纪 60 年代 William Stokoe 确认了美国手语是一门独立的语言，再加上 70 年代后录像设备得以广泛使用，美国手语诗歌得到了很好的记录，出现了很多优秀作品。如 "Eye Music"，by Ella Mae Lentz 和 "Windy Bright Morning"，by Clayton Valli）。此后很多学者讨论了手语诗歌的特点，如 Carol Padden 和 Tom Humphries 描述了这两首诗歌的韵律特点后试图说明在手势运动表达像和谐、失调和共鸣等概念上，手语诗歌是如何不同于散文。1996 年 Valli 也对美国手语散文和诗歌的特点和功能进行了探讨。从音韵学层次上讲，散文手势的音韵形式并没有特殊选择。但是在表现押韵、节奏、布格（meter）等方面，诗歌手势却具有特殊音韵形式。而且在音韵参数的变化上，诗歌手势显得更加灵活。此外形态和词汇特征也完全不一样。手势者可以通过合成、发明、借用和其他方式来创造一个新的手势，但是新的手势必须由大众在使用过程中证明其正确性。另一方面诗人可以通过发明来创造新的手势。诗人创造的新手势不需要聋人事先使用就可以。至于其句法特点，在识别动词的论元后，散文中趋向于使用分类词谓语。而在诗歌里却并非如此，在手语诗歌中，通常情况下，分类词谓语可以在没有明确识别动词论元的情况下使用。Gilbert Eastman 是一位美国手语诗人，也是一位表演家，他在自己的诗歌中使用了很多分类词谓语和特殊音韵形式，表达的是"聋人校长运动"这一历史性和戏剧性事件（"DPN Epic"）。该首诗歌清楚表明，美国手语诗歌与美国手语散文是完全不同的两种艺术形式。

手语诗歌含有口语诗歌中的很多特点，包括押韵、节奏、布格。我们可以通过 Vivienne Simmons "White Rose." 的两行诗词来证明这些特点。这两行诗看起来简易平顺易懂，但是在押韵、节奏、布格方面却非常复杂。

CHATTING FLOWER–EVERYWHERE，HUMBLE–ROSE–OUT–THERE

COLORFUL FLOWER–EVERYWHERE，WHITE–ROSE–OUT–THERE

这两行诗中存在着很多种不同韵律，要通过开放手形（5 手形或 4 手形）向合拢手形（平坦的 O 手形）过渡，在每行都进行重复，这就称之为手形韵律。还可能存在尾韵，原因是每行诗歌的结尾是一个合拢手形。另一种韵律形式是"运动路径韵律（movement path rhyme）"，通过每行诗歌中交替变化的圆圈和圆弧来呈现，手型位置和非手控信号也要重复，这就可以产生位置韵律和 NMS 韵律（非手动韵律）。不管是左利手还是右利手，每行诗歌中都是以双手开始，以单手接受。这就是偏手（handedness）韵律。

手语诗歌的节奏通过多种形式来表达：运动路径、同化、手势变化、手势选择、偏手性、运动变化、运动持续时间，以及运动幅度大小。我们例子中所说的节奏已由放大的运动路径和使用偏手性来证明。

布格采用我们能看到的物体进行计量，其本质是轻重音节的对比。我们可以在例子中看到这种布格，称之为五度量（Pentametric），意思就是一行诗有五个韵脚，每行第一个手势是"双倍扬扬格（double–spondaic）"。一个扬扬格韵脚表示的是每两个音节之间相同的重音。每行第二个手势是"双倍扬抑格（double–trochaic）"，由重读音节加上非重读音节构成。每行最后一个手势是抑扬格（iambic），非重读音节加上重读音节构成。我们可以看到，美国手语诗歌的布格很大程度上由视觉运动决定，这种视觉运动指的是伴随文本的用美国手语打出来的表演和解释录像带）。

目前中国手语诗歌不多，如有位聋人创作了以下诗歌：

无声的手会"说话"

你们听到我说话了吗？

不是用你们的耳朵，

而是用你们的眼睛来"听"。

我的无声的手在对你们说话呢！

"听"我用手语讲故事，
"听"我用手语唱歌。

请学习我的语言，
我那美丽、自然的手势语言。
"听"我的歌声和故事。

请学习我的语言，
和我共享我那美丽的手势语言。
用你们的手和我交流。

"听"我无声的手语，
我要对你们讲一个故事，唱一首歌，
请睁开你们的双眼，
"听"我说！

中国还有其他聋人诗人也写出了不少诗歌，如陕西聋人诗人左右，但他写的诗歌更多地体现在有声语言的音韵押韵，主要表达聋人是最懂声音的人之一，也是最珍爱声音的人，希望能听见声音之外的声音。此外中国聋人更多地是擅长写五律和七律，唐代就出了一个聋人诗人徐安贞。现代则以具有深厚文化底蕴的安徽最为典型，其中徽州邢思斌小学毕业，但受当地诗词文化影响，自己出版了很多诗集。其他的还有陕西聋人诗人梁亚军、山西聋人诗人成功、浙江诗人阿门，等等。

但是严格地讲，这些诗歌仍然表现的是有声语言的音韵押韵，不属于真正的手语诗歌。

6.4.9　手语相声

相声（Crosstalk），一种民间说唱曲艺。相声艺术源于华北，流行于京津冀，普及于全国及海内外，始于明清，盛于当代。主要采用口头方式表演。表演形式有单口相声、对口相声、群口相声等。扎根于民间、源于生活、是深受群众欢迎的曲艺表演艺术形式。由于北京地区相声气氛浓厚，很多聋人耳濡目染，也逐渐发展了手语相声这种曲艺形式,用手语笑话、滑稽地问答、说唱等引起观众发笑。多用于讽刺,现也用来歌颂新人新事。如手语胡同推出的《手说聋人文化》,其他的还有散见于民间的手语相声,如北京某街道晚会两位聋人就表演了手语相声《胖女人相亲》,让人捧腹大笑。相声内容梗概为一个胖女人,总也找不到对象,有一天一个朋友给介绍了男朋友。在小公园里见面,胖女人站在假山旁边等着,假山的另一侧有几个身材苗条的姑娘在照相;男士来了,看见了胖女人,哎!这么胖啊!如果是边上那几个苗条女人的一个多好啊!男士走到胖女人身边,打招呼,一起公园里散步。胖女人走了一会儿,气喘吁吁,喊累!要男士买可口可乐喝,买回来了。胖女人又喊饿了,让男士买些面包饼干零食给她,边走边吃。到了公园门口,胖女人吃完了零食,对男士说:"亲爱的,咱们去哪里吃晚餐啊?"男士掉头就跑了。这个手语相声与其他相声的不同之处在于很多地方用手语的手部动作、面部表情等表达出其夸张、艺术化的效果,而这些效果是健听人表达不出来的,从而显著地突出了手语文化的独特之处。

6.4.10 小结

研究中国手语艺术形式使用的主要目的是帮助中国手语学习者其了解语言的博大精深,手语具有丰富的灵活性以及复杂而多样的结构的表达。因此,学习这些知识是步入教育和职业的大门,同时也是全面参与双语与多文化社会的必经之路。

习题

1. 列举中国手语中三个地域变体的例子。

2. 列举中国手语中三个种族变体的例子。

3. 列举中国手语中三个年龄变体的例子。

4. 单词"电话"至少有两种手势,一个较老,一个较新。试着找找这样的手势,要有一些类似构成部分,而且能反映手势技术上的变化。

5. 你能在男性手势和女性手势之间找到区别吗?看看男性使用,但女性不用的手势,也可找找女性使用而男性不用的手势,还可以找出男性和女性做出同样手势时的不同方法。

6. 你走路时看到一群朋友在聊天。于是就走过去和他们一起聊。想象并描述一下，如何加入到他们中间去，如何寻找说话的机会。你会使用什么手势呢？眼神怎么表达？进入别人的聊天时，什么是正确的方法？什么又是"错误"的方法？

7. 当你想转换话题时，该怎么做？你会使用何种手势？有没有特殊方法来转换主题？

8. 请列表，表中要显示五个手势，这些手势在正式场合和非正式场合打出的方式应该不同。同时描述一下它们之间的区别。

9. 观察新聋网《化妆趣事》视频，描述数字 1—10 是如何打出来的。

10. 考虑一下在你生活中发生的重要事件，这件事你以前已经告诉过他人。请把你的想法组成一个故事，故事可以放到你班上去讲，这种方法与仅仅在对话中与人分享是不一样的，因为你要准备的更像是表演。排练时可以录像，这样你就可以清楚看到故事看起来是什么样子，还可知道哪些部分需要改进。然后牢记故事并讲给你的学生听。

11. 对你的故事进行分析并描述你讲故事的方法与聊天中讲故事有什么不同。注意具体特点，比如空间的使用，眼神的使用，手势的选择，手势的速度和程度，手形，左利手还是右利手，手势和短语可能出现的重复，等等。你故事的结构是什么？开头，故事中间和结尾是不是很清晰？故事由几部分组成，各部分的功能是什么？

12. 能否识别文中提到的中国手语艺术形式的特点？它们有什么共同点？

课外阅读材料

"Analyzing Variation in Sign Languages: Theoretical and Methodological Issues," by Rob Hoopes, Mary Rose, Robert Bayley, Ceil Lucas, Alyssa Wulf, Karen Petronio, and Steven Collins (2000); pp. 394–415

"Sociolinguistic Aspects of the Black Deaf Community," by Anthony J. Aramburo (1989); pp. 416–428

"Toward a Description of Register Variation in American Sign Language," by June Zimmer (1989); pp. 429–442

"Features of Discourse in an American Sign Language Lecture," by Cynthia B. Roy (1989); pp. 443–457

附录　手语田野调查

　　本章主要介绍调查方式、调查技术及调查注意事项。手语的田野调查工作与其他语言的田野调查工作有很多共同之处，尤其是对那些弱势语言而言更是如此，但是手语本身也有很多独特之处需要考虑。道德考量是最重要的：获取真实而全面的语料是关键，因为它涉及使用影像资料时对调查对象的保密问题。同时，建立并维持与受调查者的和谐关系也是十分重要的。这里讨论了一些田野调查的实际问题，包括录像设备的搭建，使用的录像类型以及转写问题。最后还讨论了资料的诱导原则，重点强调了单一语种的使用技巧问题，同时还提供了一些建议。本文将讨论手语田野调查工作时的一些观点①，包括三个基本主题：道德考量，技术问题和诱导技巧。有些问题适用于任何形式的田野调查工作，也有些问题（尽管这不是排他性问题）尤其适用于弱势语言或边缘化语言的研究。

一、弱势语言的考虑

　　从历史来看，手语是一种弱势语言，尤其是在过去，手势者总是羞于承认自

---

　　①　说明：本文作者具有大量实践经验，从事手语田野调查已有 35 年，先后调查了几种不同手语。最初的田野调查培训导师是肯尼斯·黑尔，他对作者的语言习得（指的是从小孩身上收集语料时遇到的很多问题，这些问题是与未知语言相关问题相比较而言的）论文给予了指导。35 年来作者除了研究了 ASL，在后 15 年里还对日语手语（JSL）进行了研究，而且还主导了一系列研讨会，包括对英国手语（BSL），乌干达手语（USL）和巴西手语（BSL）的详细审查。另外还在两所夏季语言学校教授过手语田野调查方法。

己懂手语。的确如此，不仅仅是手势者本人，甚至那些讲着并不标准的方言和克里奥尔语言的人都有这种心态。这些弱势语言或方言有助于确认一个特定群体，因为这些都是小派系群体的标志。这意味着，对田野调查工作人员来说，在保护特定语言免受外来者歧视的过程中，该语言的使用者可能不会让田野调查人员看到真实的语言。对手语而言，田野调查人员获得的手语可能是经过加工了的"有色"语言，或多或少受到周围口语的影响，比如，它会变成手势英语，而不是真正的 ASL 或 BSL。其原因有二：首先，我们刚刚提到，语言使用者想保护语言，防止受到外来人员的仔细调查；其次，由于这种语言是弱势语言，其使用者希望证明，甚至向调查者表明，他们也知道基本的口语。因此在进行手语田野调查时，会遇到很多阻碍。

二、受调查者的选择

在研究濒临灭绝的语言时，田野调查人员可能没有足够能力来挑选受调查对象，有时只剩下了一到两个对象。在手语中，理想的调查对象应该来自聋人家庭，他们从出生开始就受到父母，至少受到年长的聋哑兄弟姐妹的影响而长期生活于本族手语的氛围之中，这限制了受访者的数量。据估计，在美国大约 0.5% 的人口是先天性耳聋（Schein & Delk, 1974）。在这些人口中，大约只有 8-10% 的聋人其父亲或母亲是聋人。因此在 2000 人中只有一人是母语为手语的聋人手势者。当然，也有母语为手语的听人手势者，我们称之为 CODAs（聋人父母所生的健听孩子），但是这些健听孩子使用手语的能力也有差异（最年长的人往往手语能力最好，但是年轻听人的手语能力要差一些），而且他们的手语也会更多地受到口语的影响，不仅仅因为他们学习环境和玩耍场所主要靠口语交流，还因为这些孩子的聋人父母其手语方式更像是周边主流口语，他们的这种手语方式主要目的是让孩子得到语言训练。

与濒临灭绝语言的本族手势者相比而言，本族手势者作为受访者可以有更多选择。也就是说，并非所有本族手势者都能成为合格的调查对象，即使有些手语老师也不能。手语教材的增加也使得教师的手语使用规范得以完善，比如，手语老师说，这里不能使用特定结构，而下一个则可以。那么，一个合格的语言调查者应该具备哪些条件呢？最重要的是其元语言技能，即脱离特定语境，关注形式而不是内容的能力。很多语言诱导涉及内省法。一个理想的受调查对象应该能够辨别什么是语法意义上的语言，什么又不是。如果调查者选错了手语语料，受调查对象应该能"抵抗"调查者的压力并指出。幽默感和把玩语言的能力也是其应该具备的优点，因为这也是元语言技能的表现。受访者如果有剧院工作的经历则最好，或至少要有外向的性格。

三、道德问题

美国和欧洲的大学通常都有一套与受访者工作的标准。包括丰富的告知内容和匿名保证。手语和其他本族语言一样，无论告知还是获取信息都是有问题的。以主流语言书面或口头形式提供的信息可能是不够的。如果调查者在手语方面不够熟练，那么还需要手语译员。类似地，手势者本人可能是文盲，连自己的名字都写不出来。在这种情况下，我经常采用的方法是，通过录像资料获取相关的知情同意权。这就产生了匿名的问题。因为手语调查者必须使用影像资料而不是声音资料，所以你展示手势者影像资料时，保证受访者的匿名性是不可能的。如果手势者不希望将他的视频放在外面展示，能做的就是照手势者手势重新打一遍作为录像拷贝。另一种可能的办法是简单的转写手语视频，并对外发布，而不必公布视频。

通常情况下，我会采用声明的形式（书面语或手语形式）来确定可能遇到的各种问题。首先是询问受访者，在致谢时，他们愿意被提名还是保持匿名的形式。在我的经历中，大约95%的受访者愿意提及姓名。然后我就设定一些许可级别（提供手语地点或最初地点，同意还是拒绝）。比如，我可以向其他调查人员展示影像资料吗？我可以把影像资料向我的学生展示吗？发表多媒体文章时，我能否展示受访者的资料片段？我可以放在加密或者无加密的网站吗？我可以放到You-Tube上吗？偶尔，受访者可能索取我录制的影像资料，我会非常乐意提供给他。

孩子是提供受访内容的一个特殊群体。在幼儿中进行调查，我们必须征得其父母的同意。但是，情况不同，出现的问题也会不一样。比如，假设调查人员在教室对特定小孩进行录像，这时，得到学校的官方同意，比如校长和老师的同意，是非常重要的。如果其他孩子出现在了录像资料中，我们就有必要得到所有孩子父母的同意。

四、获得信任

对本族受访者进行调查时，最重要的问题之一是与其建立并保持一种信任关系，这对调查者和受访者双方都有很多好处。要获取受访者信任，我的第一个建议是学会你在调查中使用的语言。有些研究人员认为他们做调查时不用学习受访者的语言，如果调查者使用的是本国语言，也许是可行的。但是，在调查弱势语言的时候收效会非常小。学习弱势语言的原因有很多：首先它会赢得受访者群体和受访者本人的信任。间接来说，这至少表明了你对受访者语言和文化的尊重。这种方式可以让你很容易进入他们群体中。记住，弱势语言使用者会经常团结起来，防止外人进入。学习他们的语言可以让外来者更像是一个本地人。

第二个原因更现实，那就是，学习语言是了解收集信息是否有用的最佳途径。另外，从语言学上讲，学习弱势语言还可以让你弄清楚什么是语法的有趣组成元素。

在建立并维持信任关系的过程中，防止出现功利性调查是非常重要的，很多语言群体都会出现这种功利性调查现象，而且有些受访者会被外来调查者弄得焦头烂额，从而产生很强的警惕性。记住一点，如果没有受访者，即使我们是语言学家，我们也将一事无成。因此，我们有必要找到"让受访者回归到自己的群体"的方法。功能性调查源自以下几个原因：一是调查者的功利性，设想一下，受访者是我们调查研究取得成功的关键，我们千万不能把受访者当成可以随叫随到的奴隶；其次，受访者被调查时，我们需要为占用他们的时间而付费或者等价礼物[①]。有时，做调查的学生可能没有资金付给受访者，这样的情况下，还有很多变通方法，这可能费点时间但是不会花费太多钱。比如，请他们过来吃饭，或交流信息。比如日本不少受访者想学习 ASL，所以我们把每次谈话时间分成几个模块，这样他们就可以得到自己想要的东西了。另一个例子是使用当地手语进行书面或口头信息交换也可能有帮助。

第二种功利性调查是学术性。很多语言学家在自己的实地调查基础上为每个受访者取了名字。我知道，语言学家这样做其实对受访者无益，在我看来，这已经远离了匿名性。"回归群体"的一部分工作是向受访者解释我们做什么，这样做的原因是什么，而且还可以提供语言学和转写培训，这对受访者来说，这让他们

---

① 我在日本做调查时就经常遇到拒绝接受报酬的受访者。当时，我给他们买了礼物，或给了他们一些帮助，比如在口译班帮助教学，或给聋哑妇女做讲座。

的职业生涯可以走得更远。最后，手语洞察力最好的研究人员就是本族手势者。我们的目的应该是培训本地的语言学研究人员，无论是正式培训（比如可以颁发毕业文凭）还是非正式培训均可，这对手语和弱势语言都有效，这样从总体来讲，实地调查才有收获。从受访者到合著者再转变成全方位的专业人员的例子已不少。

第三种功利性调查就是我们所说的文化性。从群体培养语言学研究人员不错，也很容易做到，但是其他群体仍然会感到自己是受到了功利性调查。语言使用者无法理解关于他们自己语言的文章，他们会非常沮丧，这是可以理解的。"回归群体"意味着让一个人的观点可以被群体成员所接受。我们可以采用几种形式来实现这个目标。可能最好的方法就是为本地语言学研究人员提供足够的培训，这样，作为回报，他们就会向群体其他普通人解释你的研究成果。第二种方法是，和本地手势者一起工作，为建立语言种类提供材料，这对濒临死亡的语言更为重要。我要强调的一点是，不联系基层而高高在上的手语研究工作根本谈不上具有独特性。本地少数民族语言的语言研究人员经常会遇到这样的问题。第三种方法是成为群体支持者，如果群体需要，你才可以调查，否则调查者会被认为高人一等。

与受访者建立和谐关系的要素之一就涉及对受访者及其语言和群体的尊重。对其文化，聋人群体及其周围听人群体的尊重都是非常重要的。这里介绍如何在第一现场找到受访者的问题。这可以证明该群体成员受到了尊重，有利于打开其心扉，否则就会把你拒之门外。另一个方法是充当志愿者或参与群体活动，这样群体成员就会看到研究人员是有责任心的人。在这种情况下形成紧密关系就是非常自然，非常积极的事情了。在我所经历的两次实地调查过程中，一次被上了年纪的妇女所接受，一次被全部为聋哑人的家庭所接受。无论是与研究有关的问题，还是研究以外的问题，我们都一起共同解决。要注意，这种友谊必须是真实的，受访者在一英里之外就可以辨别你是不是真心的。

五、技术问题

（一）调查者遇到的两难问题

这里介绍实际调查过程中遇到的技术性问题，它可以影响我们的研究成果。第一个是所谓的"调查者遇到的两难问题"，简而言之，就是调查者处于一种随时变化的环境之中。在早期的手语研究过程中，我参加了一个研究小组，研究 ASL 习得问题。有个小孩走进了我们的实验室并和她妈妈一起读书。通过同样的方式我们也针对其他孩子做过这个实验。但是，这个小孩几个星期都一言不发。结果是，她把进实验室当成了上学，因为她就读的学校是口语学校，所以她认为自己不应该打手语。在我们改变了策略之后，开始和她很自然地玩游戏，结果她开始打手语了。

第二个故事发生在很多年前，我和一个比我年纪还大的大学生一起工作。他来自一个大家族，家庭成员都是聋人，住在阿巴拉契亚地区，对 ASL 真的非常敏感。但是他并不和我进行手语交流，因为我是教授，而且我工作的大学当时给人的印象就是，每个人都应该用手势英语交流。一年夏天，和以往一样，我从他那里受到了启发，突然，一场恐怖的暴风雨来袭，天空变得很暗，云雾中电闪雷鸣。这让受访者栩栩如生地讲述起了自己多年前经历的一场类似的暴风雨，最后的结果是，受访者终于用 ASL 描述了那场暴风雨。我当时太愚蠢，注意到这就是我要调查的那种手语后我竟然打断了他。幸运的是，为了我的研究，他要我住嘴让他把故事讲完，这样才得以继续。犹如拉波夫指出的那样，让受访者把精力集中在内容而不是形式上可以让我们得到更加真实的形式，这种形式就是受访者日常生活中所做的事情，而不是我们想听到或想看到的表象。

如何把调查者的两难问题降到最小？有三种途径。首先是继续保持与受访者的信任关系，当调查者得到受口语影响的数据时，高级一点的语言学基本知识可以帮助调查者来判断。当我开始对一个新的受访者进行田野调查时，我给他们安排的任务可能会导致受到口语的影响。如果有这种情况发生，那么我会和受访者开开玩笑，告诉他们我已经知道了他们的口语，应该把它扔到窗户外面去。但是为了这样做，我事先必须了解这种语言。

第二种方法就是拉波夫在非洲裔美国方言（英语）（AAVE）研究中使用的方法，就是利用聋人来采集语料而不是靠研究人员自己来采集。这可以通过几种方式来完成，一是同时记录两个受访者，二是利用聋人助手（可以把他们当作研究人员进行培养的一部分）。即使聋人研究人员不了解受调查的语言，他有时也可以比健听研究人员获得的语料更可靠。

第三种方法是尽可能在自然场景中采用体积极小的设备。当我第一次开始做手语研究时，我们不得不使用比面包箱还大的摄像机，还要与更大的卷对卷摄像机相连。光线的要求使场景加入了更多人为因素，显得不自然。现在我们可以使用比扑克牌稍微大一点的摄像机来进行，而在照明不是很好的情况下其效果要好得多。我们可以使用遥控器对摄像机进行控制，而没有必要为了开关摄像机而跑来跑去。

（二）录像设备

我们刚刚提到了摄像机的使用。这让我们想到了录像设备的普遍问题。如何设置摄像机以及在哪里摆设摄像机取决于各种各样的因素。如果受访者的确就是那个接受调查的人，比如在调查面部表情的语法功能时，那么很重要的一点就是必须看到受访者的脸。这就必须使用两台摄像机，一台展示面部特写镜头，另外一部则进行对话的全景展示。两台摄像机可能要求特效设备，把两张图片同时展现在一帧画面上。也可以采用独立照相机和摄像机。集中面部表情可能需要特写镜头，而记录一群人则需要采用广角摄影。

另一个问题是很多人都会忽略的，那就是偏手性。由于各种原因，受访者可能不希望照相机对其进行垂直摄影，因此，手势者身体不影响其手势就显得非常重要了。对于一个习惯使用右手的手势者来说，这意味着我们要像图一所示那样来摆设录影设备。我把调查者也放到了图中，原因是如果调查者出现在了照相机镜头里，他是无法弄清手势者的反应的。调查人员要稍微靠前一点，这样当手势者看到调查人员时，他就没有必要转到一边，那么手语动作也就更加清晰可见了。对于习惯了左手的人来说，采用图一进行镜像设置就是必须的了。

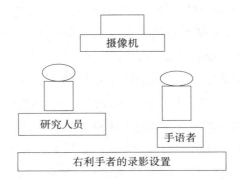

光线是另外一个重要因素。荧光灯光会让录像产生闪烁现象，但是与过去相比这已经不是什么大问题了。在人工照明条件和自然光照条件中我们总能找到一种折中的办法。不过，受访者必须尽可能地舒适，不应有受惊吓或受到录像设备炙烤的感觉，这非常重要。同时，一定量的阴影可以提供必要的分辨率，可以让二维图片变得更加清晰。如果手势者想戴着棒球帽或太阳镜接受录像，这也表明光线太强。

（三）转写系统

现在我们可以简化一个大问题，那就是如何完成诱导部分。我们可以假设一下，我们现在已经收集到了一些语料，那么这些语料如何转写？与照相机离采访者究竟多远距离比较合适这个问题一样，转写力度需要多大，则需要视诱导的目的而定。如果研究人员最初的兴趣在于研究音系学，那么他就要使用里德尔和约翰逊系统（1989 年）或者桑德拉系统（1989 年）。斯托克标注系统（斯托克，卡斯特兰和克朗伯格，1965 年）在以粗略和预先的方式标注手势时也是有用的。现在有很多人都在使用 Sign Writing，或使用 Hamnosys。如果对语法问题更感兴趣，那么他就可以使用更加广泛的转写系统。后两个系统适合采用电脑输入，但是在我看来，它们都有不足。

不管研究人员的研究重点是音系学还是语法，由于手语存在同时性，所以采用层来进行标注是较为理想的，认识这点非常重要。据我所知，在层上进行标注有三种标注系统，其中之一就是专门为使用手语而设计。这三种系统分别是 SIL 语言学工具箱，SignStream 和 ELAN。在这三个系统当中，只有 Elan 是跨平台系统，SignStream 只能用于 Mac 平台，而 SIL 语言学工具箱只适用于 windows 平台。SignStream 和 Elan 系统都允许录像与转写对齐，也就是说，随着视频播放，我们可以看到转写。Elan 是免费的，可以从 Nijimegen 的 Max-Planck 网站下载。SignStream 名义上要求付费。研究人员都无法从这两个系统中导出研究人员所转写的内容，并转换成文本文件。但是分层转写实践在时间上比这些系统要早很多年。

层级在非线性音系学著作中表示自由的程度，虽然实践中要视所需要考察的内容而定，但是我们完全有可能采用比自由程度更少的层级。因此，摄像过程中，受访者头部的角度要独立于其闭眼的程度，两眼至少要部分独立于眼睫毛的位置。其他自由程度还包括嘴形，点头还是摇头，舌位和视线的方向。从音系学层面上讲，双手使用的次数，每个手指的伸展度、接触点、指尖方向、手掌方向以及包括摆动和点头在内的移动，和路径类型都有着自己的层级。

使用层级的重要原因是，层级允许研究人员展示受访者的非手动标志和手形的范围。对手形而言，在手语过程中，如果手形改变，那么层级就显得非常重要了。对非手动符号而言，如果手语信号重叠或范围变了，层级也是非常重要的。

感谢格雷迪斯·唐为我们提供 HKSL（香港手语）的简化版例子，列举如下：

头部角度	＿＿＿＿＿＿＿　fwd
头部移动	＿Neg.＿＿＿＿＿＿
眼　睛	＿＿＿＿＿open＿＿
眉　毛	＿＿＿＿＿＿＿＿up
双　手	无名指2　　买书

你没买书吗？（香港手语）

（四）录像资料的记录和压缩

正如在口语的音系学实地调查中，录音带是基本的工具，视频对手语的音系学实地调查而言也显得尤其重要。调查预算决定使用的设备具体类型，但是我们还是可以提供一些一般性指南。

首先，即使受到预算的限制，采用数字式录像设备也是很重要的，原因如下：第一，为了实现更好地与计算机交互；第二，采用数字式录像得到的语料是无损的，采用先前的录像技术生成的每份备份文件都存在信号损失，但是如果采用数字式录像，即使复制整个视频语料，也不会有信号损失；第三，从纯技术角度讲，一旦视频信号转录成 DVD 或 CD 等媒体，那么这种媒体比录像带要稳定得多，而且占用空间也少得多。决定采用高清视频还是常规数字视频可能主要由预算，而不是其他因素来决定。便携式录像机有很多存储格式（包括 mini-dv，硬盘，mini-dvd 等），选择与电脑和软件匹配的存储方式是很重要的。

相对来讲，与压缩文件相比，数字式视频的信号损失也不会很大。一旦语料被复制到电脑里，语料视频就有多种压缩方式可以选择。要确保最后的压缩文件必须与视频播放和编辑软件兼容。我们可以采用不同参数来压缩语料，但是要尽可能多地保证帧率，这也是很重要的。否则，语料播放时会不稳定，尤其是手势拼写信号会丢失。即使我们尽全力保证了整个图片的清晰度，这也是可能发生的。还有，比特率也要高一点。根据我们所做的调查发现，比特率最少要保证 1600KB 每秒。越多越好，但是这样会急剧增加文件的大小，同时也会改变每帧视频的实际大小。

选择进行文本处理的电脑不仅仅是"宗教"、性格和个人爱好问题。但是处理视频和其他图片时，要比电脑提供的软件更好用才行，可以是低端软件（如 Imovie 和 Quicktime Pro），也可以是高端软件（比如 Final Cut Express 或 Pro）。（虽然是 PC 实验室的人也告诉我，Macintoshes 的视频软件更便宜好用）。在参加手语大会时，我发现他们主要使用 Macs，主要原因是生成视频较容易。也就是说，把视频转换成 DVD 时，必须准确地把这些语料转化成能在 DVD 播放器中播放的文件格式，这点非常重要。原因是，一旦 DVD 制作好了，要从中抽取影像资料片段是很困难的，因为我们在多媒体文章中可能会用到这些影像资料片段。除了制成 DVD 以外，我们还可以把影像资料压缩成 MP4 格式并把 MP4 文件复制成 DVD 格式，还要能够在电脑上用 Quicktime 软件进行预览。

无论选择什么配置的电脑，对其他工作而言，尽可能使用运行速度最快的电脑是很有必要的。视频渲染需要大量用到 CPU，因此台式电脑一般比手提电脑要好。使用两个显示器（一台用作影像资料的预览，一台用作转写）虽然不是绝对需要的，但是这会让你高效地完成处理过程。

记住一点，压缩视频中，硬盘的可用空间必须是视频的两倍。因此大容量的外接硬盘显得非常方便。未来技术的发展还会带来更新的存储器，读者应该审慎选择。

六、诱导建议及其技巧

无论是手语还是口语的田野调查，都需要照顾到绝大多数的现场环境。我们从普通诱导建议开始，然后讲述针对特殊结构需要的特殊诱导技巧。

（一）注意事项

知道什么事情不能做和知道如何进行正面处理同等重要。下述例子就是我在观察实地调查工作人员工作时注意到的不应该出现的行为。

（二）不能做的事情

1. 不要对口语进行翻译

除了词汇外，我强烈建议单语诱导。所以我的第一个建议就是，无论何时，只要有可能，就不要对口语进行翻译。尤其是对像手语或克里奥尔语这样的弱势语言来说更是如此。必须注意一下几点：

受访者也许对口语的掌握不是很好，尤其是涉及复杂的语法领域时。因此有可能你认为自己正在得到的东西未必是你真正需要的东西。对于一些词汇，图片或视频更有效（基本的词汇例外）。

在手语工作中，手势者适应谈话者的语言是很自然的一件事。翻译口语可能会让受访者更能受到口语语法的影响。而对于弱势语言而言，受访者可能会向你表示他们懂口语。他们还会认为口语就是调查者的目的所在。

2. 不要让受访者对特殊情况进行判断，也不要试图让他们改变自己的想法

语料与理论知识的相互影响可能会非常微妙。我认为，理论在帮助弄清何处可以得到有趣语料方面是很有价值的。但是，如果理论变成一堆马眼罩，让我们无法看到有用的语料，或接受与理论相悖的语料时，那么是不会产生好的结果的。显然，在对受访者进行语言学知识训练时，我们会想让他们进入设定的领域，因此最好是在诱导部分完成后才这样做。

那就是说，如果受访者发声了，或者做出了一个错误的判断，当然是可以调查的，但是没有必要对着受访者瞪眼进行制止，这点很重要。要注意流露的信息可信度。如果他们绝对自信，就放过；如果他们犹豫了，那就要依次进行调查或澄清例子。

3. 要持开放的心态

有多种方法证明这个提醒很重要。首先要重新回到前面章节的内容。如果我们得到了与理论矛盾的语料，那么问题就可能出现在理论上，而不是语料。第二，获得的方法可能会走入死胡同。为了减少损失，要么从一个话题转向另一个话题，要么回到原来的话题，然后想出其他方法来问同样的问题，这点也很重要。

（三）温馨提示

下面列举的是成功诱导必备的常见小贴士。对有经验的研究人员来说，有些建议可能是显而易见的，尽管如此，我还得重复一次。

1. 弄清楚你需要什么

语料不要千篇一律，但是如果在指导性诱导中没有更重要的内容，那么也可以重复。否则，我们就是浪费自己的时间，同时也是浪费受访者的时间。比如，如果研究人员对关系从句比较感兴趣，那么他就应该准备相关材料，这些材料要有利于诱导出关系从句。

2. 要做好充分准备

诱导过程是不可预期的。一个人可能为了某个观点花了一个小时精心准备了数页纸的内容，结果却被受访者在几分钟里就推翻了。还可能发生的事情是，受访者对我们努力想做的事情反应很迟钝。因此第二计划是非常重要的，或至少在原计划中要想到更多可能出现的内容，而这些内容也是必要的。

3. 休息一下，变换节奏

不让受访者感到疲劳是很重要的。我经常在形式和内容方面进行变化，这样可以使调查节奏得以缓解一下。比如，当我再次使用关系从句案例时，如果提出一个与关系从句有关的问题，我可能提出受访者说到的有关内容，然后进行一场"真实的"对话。这表明我把受访者当作人而不是机器，对此我很有兴趣，也增加了彼此之间的信任关系。

改变节奏的方法还有很多。任何情况下，对精心准备的诱导材料进行回忆会严重影响语法判断。显然，在语料记录时，我们需要对各种方法进行组织，不过，诱导过程中不需要那么井井有条，这不失为一个聪明的方法，值得采用。这不仅可以避免疲劳，也不至于暴露科研人员正在调研的内容。

改变步骤的方式之一就是二人合作。这个观点还是我在教授实地调查方法时想到的，当时我们每周有一半的时间和同学们呆在一起。两人合作有很多优点，比如：

（1）我们以前提到过，如果两个人各自研究的主题不同，那么会自然而然地改变诱导的节奏；

（2）可以一个人记笔记，另一个人诱导；

（3）一个人可以注意另一个人忽略了的信号或语料。

在此情况下，实地调查人员之间必须具有良好的愿望。双方要事先同意对工作进行分配，时间也要进行分配。我总是鼓励合作而不是竞争。如果合作者注意到了与另一个人的研究主题有关的东西，他们就应该在时间分配上再商量一下。记住，告知对方你的信息，同时要明白吃亏是福的道理。

4. 随时调整，关注意外收获

与其他科学研究一样，在调查完全不同课题时，我们可以发现新的内容。很多年前，有些人参与了与 ASL 叙述推理角色有关的心理语言学研究（Brown, Fischer & Janis，1991）。但是在收集语料的过程中，有两人注意到了经常出现的语言结构。进一步调查后，我们发现这个结构以前还没有研究过。当你对某事感兴趣时，通常情况是，这件事情可能更值得你去研究，而不是你最初的兴趣所在。

七、材料和技术

我们以前讨论过照明和照相机的摆设问题，究竟采用什么样的材料和技术在很大程度上取决于你要调查的内容。尤其是更多取决于你希望调查达到的层次。

（一）音系学

在做音系学的实地考察中最重要的是要系统化，而且要细致周到。比如对于调查语言的具体术语，这意味着提前展示所有可能的变体，同时用大量可行的信息进行语料的诱导。我们在音系学中需要找到的主要内容之一是什么格式是一样的，而什么格式是不一样的。因此我们学习了一些手势，还同时尝试了极小的格式自由度的变体，目的是找到受访者是接受还是排斥这些变体，还要把它们当成不同的手势。比如，手形的不同变体可能包括时态与松元音，手指的伸展与合拢，伸直手指的数量，手指的弯曲程度，以及手指弯曲的关节在哪里，或者是大拇指的相反位置。对于位置而言，我们可能再次尝试那些位置的细微变化，然后询问受访者这样的变化对他们是否有影响，或者看起来是不是觉得好笑。对方向而言，我们可以尝试在不同平面上双手的不同角度。另一种让受访者接受这些变体被的方法是，请受访者重复这些手势，然后找到发音的变化，而这些变化应该是一样的。

同样，从音系学角度观察处理过程，我们应该建立一个独立单元，然后观察手势发音的前后语境的可能效果。这样我们就可以对着受访者做出两个手势，让他们把这两个手势按照不同顺序组合在一起。要让受访者弄清楚我们对手语形式的兴趣要大于手语内容。

（二）形态学

当我们观察单词结构时，事先做好准备是很重要的。比如，我们可以画个表格，然后以形态学处理的方式在表格中插入不同的动词（或其他词性），目的是在使用过程中发现其受到什么样的限制。要发现每个过程中该使用的动词，我强烈建议把莱温（1993）的理论[①]作为参考。

在形态学研究里，表格和图片是非常有用的。乌尔力克·哲桑在与所有权有关的跨语言学项目的研究中使用的技巧是采用系谱图，这种效果非常好。这样的表格和图片在研究词汇语义学方面也是非常有用的。只不过这里要提醒读者的是，我所讨论的技巧和材料设计要让受访者群体的口语翻译或思维最小化。口语翻译发生的地方很少对这一级别的单独词汇构成影响。但是，我们在上面警告过大家，要保证受访者真的理解我们所翻译的每个单词，这点十分重要。同时，坚持使用各种类型的词汇也是一个不错的想法。比如，如果受访者对扮演受访者的游戏感到陌生，那么调查人员就可以问，比如说，手势"take"而不是问"你指的是哪个 take"，受访者也许只是给出一个手势，而忽略了单词 take 的其他各种意思。由于语言之间的语义重叠经常出现，所以读者要警惕语言中很多单词的模棱两可的含义。

（三）句法学

在句法学部分，我们也需要改变诱导材料或诱导方法，不过需要视我们感兴趣材料的结构类型而定。那就是说，如何做到单一语言诱导材料结构化，这样可以使获得有用语料的数量最大化。要避免翻译，而且在某些层面上，还要对受访

---

① Levin，B.（1993）*English Verb Classes and Alternations：A preliminary investigation.* Chicago：University of Chicago Press.

者的反应进行引导。我经常使用的一个有用工具就是安排一个迷惑性的简单任务，即在句子里使用一个手势。手势的选择当然事先计划好了，但是我们不能过多干预反应方式，如果过多，语料可能就不是原汁原味的了。比如我们可以假设，如果调查者对特殊疑问句感兴趣，那么我们可以准备一系列特殊疑问单词，然后让受访者在句子里使用它们。使用填空方法和节奏变换是很重要的，这样的话，受访者就不会疲于应付。采用特殊疑问词构成句子后，然后就有可能进行研究，还要想想有没有其他构成顺序。如果有的话，其意义是否发生了改变。

有时，完成这个任务后得到结论很困难。在此情况下，改变调查顺序是可行的。调查者模拟他所需要的句子长度，同时让受访者更多地参与其中，这样也可以打破千篇一律的方式。在改变调查顺序过程中，另一个技巧是有意出错然后让受访者改正。这个监控手段可以让受访者更乐意改正研究人员的错误。批评一个人的社会地位在很多文化中都是不受欢迎的。犯的错误越低级，越超乎寻常，克服文化禁忌就越容易。我在 ASL 和其他语言里都做过调查，有些受访者都想用他们以为我不懂的俚语来刁难我。他们喜欢看到我的无知，这经常让我得到意想不到的结果。如果我不知道某个手势，我就问他们。他们解释后，我会努力去使用；如果没有效果，我就用例子进行进一步说明。

如果受访者的手势出现了多种变体，或者调查人员怀疑还有其他顺序，那么他会问受访者更喜欢哪一种：顺序 A 要比 B 好么？或者相反。问及受访者的个人偏好时，顺序是很重要的，因为有种趋势，就是总是在两个选项中选择第二项。

在安排"在句子里使用手势"任务时，还可以把这个任务进行扩展，就是采用两个手势。比如，如果调查者对否定和疑问感兴趣，这种技巧就会产生有趣的范围现象。一旦受访者说出了一个句子，那么向他询问另外的顺序又是一个好主意。

另一个技巧在面对复杂句型时是非常有用的，那就是句子的合成。比如，如果调查者对关系从句感兴趣，那么要生成的两个句子可以共享一个名词短语。如果他对从句的表达及其效果或时间顺序感兴趣，那么这两个句型就会具有相关性（所以要尝试不同句序）。如果远距离依存关系是调查主题，那么可以建构两种句型，以便可以引导受访者来展示依存关系。

诱导问题的一种方法是给出一个句子，然后在疑问词或疑问短语中指定一个被替代的省略词。以我的经验来看，这是理解困难概念的方法，所以这个案例也是有帮助的。

对于句子结构的一个变体而言，使用视频片段或系列图片也许是有用的。虽然功能很强大，但是也有局限性。尤其是，只有图片化的活动或物体对任务才有帮助。如果你想比较"公平"的两个变体，那么这样的视频或图片材料就没用了。在这种情况下，也许采用真实话题的会话会更有用更有效。

（四）会话

在手语中，有些语法过程在句子层次上出现得非常频繁。只要是出于这种原因，那么在句子层面上收集叙述或其他结构就非常重要。与任何人类学研究一样，叙述结构（或者叙述结构的缺失）可以提供丰富的视角来观察语言以及群体的文化。比如，很多美国孩子睡觉前讲的故事在美国主流聋人文化中很少见。但是，很多民间故事在美国成年聋人群体却广为流传。所谓的字母故事很难在手语里预料到，但是我发现香港手语中虽然没有这样的故事，但是却存在数字故事。

在安排句子里使用手势的任务时，有一个技巧是部分控制叙述内容，我们可以让受访者针对特定话题来讲故事。如果调查者对诱导分类词感兴趣，这就非常有用的了。询问梦境有利于挖掘非现实结构，比如非真实条件句。当然，拉波夫曾用过另外一种方法，询问受访者身上发生的最可怕的事情，这种做法也是有用的。不过，由于某种情况下复述一个人的最可怕经历可能勾起伤心事，但是我们可以改变方法，问他们所经历的最有趣的事情。

会话内容可以是对话，也可以是独白。如果我们一次能够得到两个受访者的参与，那么就可能产生很多收获。比如，一个人可能教授另一个人如何玩游戏，或为另一个人指出特定位置的方向。其他交流任务也可以使用，比如在一组图片中指出图片的独特结构。

我要再次强调一下，文本收集可能是语料的有价值来源。我们在叙述中注意到的问题可以在今后的更加结构化的诱导过程进行探讨。从语言学角度来考虑，仅仅进行文本的收集还是不够的，原因如下：首先，没有在叙述中表现出来的范例中间可能会出现差异。其次，至少没有另一个本族语的使用者来观察叙述，调查者并不十分清楚受访者在故事讲述过程中是否出现错误。

我们以前提到过，关注形式还是关注内容这两者的切换也许有利于集中受访者的注意力。甚至当调查者表面上关注内容时，他们可以努力使用这种切换方法，通过这种切换来观察受访者的反应。我曾经把一个 JSL 手势者和另外一个

JSL 手势者邀请到自己家里，用茶和饼干招待他们并进行诱导测试。我对特殊疑问句很感兴趣，包括隐含的特殊疑问句（Lillo-Martin & Fischer, 1992），这些疑问句由普通手势和面部表情构成，面部表情可以转化成特殊疑问词。为了简洁，在下面例子中我使用了 WH-KAU 作为 KAU（买）的简写，同时加上面部表情，具体如下：

（1）HONTOU SITUMON. INDEXaKOPPUaSUKIKEDO NIHON MI-NAI.
WH-KAU？

Really　question　That　mug　love　but　Japan　see-not
wh-buy

这是一个真实的疑问句，意思是：我喜欢这个杯子，但是在日本却没有见到过，你在哪儿买的？

母语为手语的手势者表示说，我们可以去找专卖店买，这种表达比较合适。这表明，受访者既接受了我提出问题的结构，也接受了问题的内容。显然，有必要探究结构化的诱导，但是这种技巧允许出现更多的自然语料。

八、建议及总结

尊重受访者的尊严，保护他们的隐私当然是非常重要的。从了解足够的语言知识并识别我们看到的有趣例证方面来讲，建立调查者的"街头信誉"是必须的。要做好充分准备，同时对可能想到的各种可能突发问题也要高度重视。回归群体是关键的因素。把采访当成游戏对待可以让受访者心情变轻松。因此保持采访的有趣性是十分重要的。用手语讲授，开玩笑和游戏可以增加很多体验，而且可以进一步达成弄清语言工作原理这一目标。